民國歷史與文化研究

初 編

第 3 冊

政制轉型與山西政治秩序重構研究
（1911～1928）（上）

張 文 俊 著

花木蘭文化出版社

國家圖書館出版品預行編目資料

政制轉型與山西政治秩序重構研究（1911～1928）（上）／張文
俊 著 -- 初版 -- 新北市：花木蘭文化出版社，2015〔民104〕
目 4+148 面；19×26 公分
（民國歷史與文化研究 初編；第3冊）
ISBN 978-986-404-141-1（精裝）
1. 地方政治 2. 民國史 3. 山西省
628.08   103027657

ISBN-978-986-404-141-1

民國歷史與文化研究
初 編 第 三 冊   ISBN：978-986-404-141-1

政制轉型與山西政治秩序重構研究（1911～1928）（上）

作　　者	張文俊
總 編 輯	杜潔祥
副總編輯	楊嘉樂
編　　輯	許郁翎
出　　版	花木蘭文化出版社
社　　長	高小娟
聯絡地址	235 新北市中和區中安街七二號十三樓
	電話：02-2923-1455／傳真：02-2923-1452
網　　址	http://www.huamulan.tw 信箱 hml 810518@gmail.com
印　　刷	普羅文化出版廣告事業
初　　版	2015 年 3 月
定　　價	初編 32 冊（精裝）台幣 56,000 元

政制轉型與山西政治秩序重構研究

（1911～1928）（上）

張文俊　著

作者簡介

張文俊：男，1983 年 1 月生，山西繁峙人，先後獲山西大學學士和碩士學位、南京大學歷史學博士，現爲山西大學歷史文化學院副教授，研究方向爲中華民國史和區域社會史。在 2009 年至 2011 年期間，赴南開大學和香港中文大學進行學術交流，先後主持並參與國家級或省部級科研項目 8 項，在《史學月刊》、《抗日戰爭研究》、《民國研究》和《歷史教學》等核心期刊發表文章 10 餘篇，參編著作 3 部。論著《辛亥革命與山西軍紳秩序構建》獲 2011 年度山西省「百部（篇）工程」三等獎。

提　　要

　　辛亥革命後中國面臨最大問題是舊制已倒、新制未立，國家權力斷層，社會進入新舊交替的急劇轉型期。這一轉型期最突出問題是社會和政治嚴重失序和失範，導致中國政治呈現不確定性。因此，新秩序構建成爲當時中央與地方、中國社會各階層不得不面對與關注的迫切難題。當全國大多數社會精英都捲入政治秩序構建的漩渦中時，山西閻錫山與士紳合作建構了一種穩定且有序的軍紳秩序。他以獨特的思想理念治晉，同時又在政局變幻莫測與軍閥連年混戰中，以「軍主紳輔」、「以不變應萬變」與「督撫式的革命」保持了山西在大失序環境中的有序，進而對中國的政治出路進行了深入思考與積極探索，從而在全國創造了具有另類特徵的「山西模式」，即政制轉型中山西一直由閻錫山控制的一種穩定且準獨立的軍紳秩序。這一模式不僅維繫了他在民國的的政治不倒、山西「動態中的靜態」以及以用民政治爲核心的社會控制，而且也凸現了閻錫山在歷史演進中的社會角色，他是一個新結構中的舊人物、舊人物中的趨新者，以及「革命」潮流下社會改良主義者的典型。通過對山西模式起落興衰的透視，可重新審視中國近代社會轉型中「武力造國」的利弊得失，略窺在「君治」向「民治」轉型過程中君治與民治之間的博弈，及改良、革命與社會進步之間的關係。

目 次

下　冊

緒　論

一、研究價值

1、理論價值

（1）考察政制轉型中山西政治秩序重構是觀察「君治」向「民治」艱難轉型的一扇窗口，可深化對中國近代社會特質以及社會轉型所遭遇困境和問題的認識。通過對 1911～1928 年山西社會和政治實態一定程度還原及其動因考察，嘗試從大歷史高度解讀山西政治，並對閻錫山治晉進行歷史透視，可重新審視並檢討中國近代社會轉型中「武力造國」的利弊得失以及「君治」的強大慣性。

（2）有助於重新認識和理解民國政要閻錫山，並對其評價提供客觀詳實的依據。在 1911～1928 年這一政制轉型期，秩序重構成為中國社會的突出問題，而閻錫山通過國家權力與地方政治的互動，與士紳合力建構了穩定的軍紳秩序。閻從民元出任都督，歷經民國北京政府和南京國民政府兩個時期而不倒，統治山西長達 38 年之久，且以其獨特的思想理念治晉，同時又在政局變幻莫測與軍閥連年混戰中，以「督撫革命」、「軍主紳輔」、「不變應萬變」與「督撫式的革命」保持了晉省在大失序環境中的有序，從而使得他成為民國政壇上最具影響和研究價值的人物。通過對閻錫山統治山西時期各種史料的深入挖掘，為多層面、多視角、歷史地認識和評價閻錫山提供了客觀詳實的依據。

（3）民國時期的山西是考察民國社會與政治變遷一個極具典型意義的範本。在國家權力、地方政治與閻錫山個人行為三者的互動中，山西在1911～1928年間建立了一種獨特的政治類型，筆者將其概括為「山西模式」，此種政治類型不僅使閻錫山成為備受關注的民國政要，而且也使其治下的山西成為探究民國社會與政治變遷的一個典型案例。

（4）對「山西模式」的提出與解讀，為探討革命、改良與社會進步的關係，以及政體變動對民國基層社會變遷影響提供參考範本。

2、應用價值

（1）能夠深刻理解政制轉型對社會秩序的巨大衝擊，認識到轉型期政治秩序構建問題的急迫性和過程性，使執政黨吸取歷史經驗，注意轉型期的政治社會問題。辛亥後中國面臨最大難題是舊制已倒、新制未立，國家權力斷層，社會進入新舊交替急劇轉型期。這一轉型期最突出問題是社會和政治嚴重失序和失範，導致中國政治呈現不確定性，新秩序構建成為中央與地方、中國社會各階層不得不面對與關注的迫切問題，但短時間內中國並未出現穩定秩序，而是經歷了漫長的過程。這些歷史經驗也是當下處於轉型的中國需要關注和重視的。

（2）對當下轉型期的中國構建和諧小康社會及新農村建設有重要借鑒意義。辛亥後中國社會面臨最大挑戰是武人割據、國家分裂、社會混亂，很難找到一塊像山西那樣少有戰爭發生、民眾能夠安居樂業的「淨土」，閻錫山在山西的統治雖有諸多不民主及落後的成分，但他至少維持了山西在「大失序中的有序」。對於「穩定秩序」不僅歷史上的山西需要，而且當前社會在面臨新形勢和新挑戰時也迫切需要。研究政治轉型期閻錫山對山西政治秩序的構建、對晉省的治理，以及他與中央的博弈，可為中國共產黨提供參考樣本，加強中央對地方的絕對領導，增強民眾對中國共產黨執政地位的合法性認同，推動新農村建設健康良性發展。

二、研究成果之回顧及展望

眾所周知，研究民國時期山西的社會政治，必從閻錫山談起，因閻從辛亥革命始到中華人民共和國成立前一直掌控著山西，在某種意義上民國時期山西歷史就等同於「閻錫山治晉史」。所以本文的研究回顧與展望要從閻錫山

研究談起。關於閻錫山研究，目前國內外學術界已取得了一定的研究成果，學界對其已進行過學術史的梳理，但是其視點多關注大陸學者的論著而疏忽海外港臺的研究成果，內容也多爲概略性的介紹，〔註1〕甚或從政治思想史的角度進行評述。〔註2〕實際上，在最近五十年中閻錫山研究一直未曾中斷，而且大有發展，這些研究質量雖參差不齊，但不管對他從哪一角度進行研究或作何評判，都反映的是一個歷史時代的認識或其時主流文化的價值判斷。特別是海外與港臺學者的研究更值得我們關注，故有必要對此重新予以認識。在回顧閻錫山研究已有學術成果和梳理其發展脈絡的過程中，本書擬以海內外學者的一些重要成果爲對象，試圖發現閻錫山研究中若干值得進一步探討的問題。

1. 研究發展概況

　　國內對閻錫山的研究經歷了立足於揭露批判、完全否定到結合史實進行公允論述、基本肯定的過程。對閻錫山的研究最早可追溯到民國年間，在20世紀 40 年代，共產黨人因現實政治需要就對閻錫山的政治行爲進行初步的評判。如：陳伯達等人採用階級鬥爭分析法，針對閻錫山在晉西事變及其官民衝突中的政治行爲，對閻錫山大加批判，認爲閻是「山西的土皇帝」，是反人民的叛國者，〔註3〕其政論性較強。其後學界由於受極「左」思潮與革命史觀影響，在相當長一段時間內對閻錫山的探討也只能停留在階級鬥爭層面，如景天魁認爲，閻錫山的尊孔崇儒是爲了維護其反動統治，其中反孔與尊孔的鬥爭，實際上是前進與倒退、革命與反革命的鬥爭。〔註4〕直到20世紀 80 年代以後，隨著大陸學術氛圍的寬鬆，閻錫山再次受到學界關注，閻錫山研究才開始眞正起步，但此時閻錫山研究中對其的評判仍是「大軍閥大地主階級」的代言人。如《閻錫山和山西省銀行》，該著以辛辣批判性的筆鋒，論述了閻錫山對山西金融的「反動統治」，認爲閻破壞了近代山西金融

〔註 1〕 參見葉昌綱、劉書禮：《四十年來閻錫山研究概觀》，《山西大學學報》1994
　　　　　年第 2 期。
〔註 2〕 韓玲梅：《閻錫山研究綜述 —— 以政治思想爲主線》，《甘肅社會科學》2004
　　　　　年第 6 期。
〔註 3〕 陳伯達等：《閻錫山批判》，（出版地不詳）新華書店晉察冀分店 1945 年。
〔註 4〕 景天魁：《土皇帝閻錫山尊孔崇儒的醜惡嘴臉》，《山西師院》1974 年第 4
　　　　　期。

與銀行業的發展，並以反面教材的形式反映閻錫山在山西的「惡劣」統治。〔註5〕此外，還有《閻錫山統治山西史實》一書，該書從革命史觀入手，闡述了閻錫山統治山西 38 年之間的所作所爲，其中該著在梳理基本史實的基礎上，仍多以批判的筆調對其進行論證，從而使閻錫山地方軍閥的特徵躍然紙上，並塑造了他投靠舊勢力背叛革命迫害人民的政治形象。不過，該著的可貴之處是創作出一本民國時期的山西政治史，而且文中運用了許多原始口述資料與地方文獻。〔註6〕

　　同時，美國與臺灣、香港地區的學者對閻錫山也展開一些有益的學術探索。美國學者唐納德 G. 季林著的《閻錫山研究 —— 一個美國人筆下的閻錫山》（中譯本），它是目前國外閻錫山研究中最具有代表性的著作。該著全方位多角度地研究了閻錫山，從其早年直到他逝世，對閻錫山的思想、政治行爲、山西現代化建設的追求與實踐、派系紛爭、閻錫山統治時期山西的官僚政治以及與大國關係等進行了論述，在一定程度上還原了閻錫山的骨和肉，但文中許多地方對史實與山西概況多有誤讀之處，更爲嚴重的是作者主觀筆調較爲突出，對閻錫山的評價多有過失之處，如「他的行爲是軍閥時期中國政界中的虛僞作風和不顧羞恥地投機取巧的典型」，〔註7〕「他的成功主要在於它的狡詐和山西堅不可摧的天然屏障」〔註8〕等話語。唐著雖存有許多缺憾，但它仍不失爲國外閻錫山研究的一部開荒之作。而與此同時臺灣學者對閻錫山的研究開始逐步注重資料的搜集與整理，並對閻錫山做了有別於大陸學界的學術性探討，一大批傳記與學術性資料相繼問世。如：《兵農合一輯要》、〔註9〕《閻錫山早年回憶錄》、〔註10〕《閻錫山傳記資料》、〔註11〕《民國閻伯川先生錫山年譜長編初稿》（共六冊）、〔註12〕《山西村政彙

〔註5〕　《閻錫山和山西省銀行》，中國社會科學出版社 1980 年。

〔註6〕　山西省政協文史資料研究委員會：《閻錫山統治山西史實》，山西人民出版社1981 年。

〔註7〕　唐納德・G. 季林：《閻錫山研究 —— 一個美國人筆下的閻錫山》（中譯本），黑龍江教育出版社 1990 年，第 18 頁。

〔註8〕　同上書，第 22 頁。

〔註9〕　《兵農合一輯要》，臺北正中書局 1948 年。

〔註10〕　《閻錫山早年回憶錄》，臺灣傳記文學出版社 1968 年。

〔註11〕　《閻錫山傳記資料》，臺灣天一出版社 1985 年。

〔註12〕　閻伯川先生紀念會：《民國閻伯川先生錫山年譜長編初稿》，臺灣商務印書館股份有限公司 1988 年。

編》、〔註13〕《閻伯川先生言論類編》等資料的出版發行。具有研究性的著作如曾華璧的《民初時期的閻錫山：民國元年至十六年》〔註14〕與吳文蔚的《閻錫山傳》〔註15〕也相繼問世。此外，香港地區也先後出版了《閻錫山傳》〔註16〕與《閻錫山的興與滅》〔註17〕。可惜，臺灣學者曾華璧對閻錫山研究做了初步的嘗試性探討後，卻赴美從事金融，放棄了對閻錫山的後續性研究。〔註18〕而此時大陸學界則隨著思想環境的寬鬆，在 20 世紀 80 至 90 年代期間及其後，湧現出一批關於閻錫山的論著。特別是在山西眾多學者的努力下，迄今閻錫山史研究已取得一定的進展，其概況可由以下幾個方面來看：

第一，積極舉辦學術會議，加強海內外學術界之間的交流。1993 年 9 月 19 日至 25 日，由山西省歷史學會、山西大學歷史系、中國社會科學院近代史研究所、北京大學歷史學系、張學良暨東北軍史研究會、西安事變研究會等單位籌辦「中國近現代名人社會經濟文化思想國際（地區）學術研討會」，中國大陸、臺灣、香港地區，與美國、韓國、日本等國學者 85 人進行廣泛交流，對推動閻錫山研究起到一定作用。〔註19〕此後大陸和臺灣舉辦的社會史和政治史的國際性學術會議，亦有一些相關的專題性論文。

第二，閻錫山史料整理工作取得進展，臺灣陸續刊印若干資料集。前文對此曾有所述。因大陸留有閻錫山的文獻資料相對較少，故大陸學者對閻錫山的研究主要根據的是文史資料與口述資料，而檔案資料在其研究中則應用較少。臺灣將閻資料的出版無疑彌補了閻錫山研究中資料不足的缺陷。更令

〔註13〕《山西村政彙編》，沈雲龍：《近代中國史料叢刊續集》，臺灣文海出版社 1971年。

〔註14〕曾華璧：《民初時期的閻錫山：民國元年至十六年》，臺灣大學出版委員會 1981 年。

〔註15〕吳文蔚：《閻錫山傳》，臺中文宏美術印刷廠 1983 年。

〔註16〕陳少校：《閻錫山傳》，香港致誠出版社 1966 年。

〔註17〕陳少校：《閻錫山之興與滅》，香港致誠出版社 1972 年。

〔註18〕筆者有幸於 2010 年 8 月 23 日在第六屆中華民國史國際學術研討會上偶遇臺灣國史館卓遵宏先生，據他所言臺灣存有閻錫山資料很豐富，可惜臺灣當前學界沒有幾人專門進行閻錫山的研究，而只有曾華璧利用閻錫山檔案做過一篇碩士論文，後也放棄學術研究，而赴美從事於金融業。

〔註19〕郭衛民：《對閻錫山、張學良、楊虎城研究的一次學術交流──「中國近現代名人社會經濟文化思想學術研討會」綜述》，《抗日戰爭研究》1993 年第 4 期。

人興奮的是臺灣國史館從 2003 年到 2005 年共整理出版了十冊《閻錫山檔案要電錄存》，它是最能反映閻錫山政治行爲的史料，對閻錫山研究具有重要的史料價值，而且至今大陸在民國北京政府時期閻錫山的研究中，還未曾被大量使用過。這批檔案資料主要彙編了 1912～1926 年間閻錫山與民國北京政府要人的通電及其密電，就其中電文內容而言，主要分爲閻錫山的要電、與各方政要的往來電文、日記及雜件等四類，其中所涉及內容主要是民國時期一些重大的政治問題，如袁世凱稱帝、參戰案、護法戰役以及各軍閥對國家統一方式的爭論、曹錕賄選、北伐等。從閻錫山現存資料來看，這批資料的價值是獨一無二的，翻閱這批資料可以略窺民國前期中國政治的演變軌跡，閻錫山的政治參與，以及閻錫山對中國政治發展的觀感及其政治轉向的原因與歷程等。可以說，它是民國史研究不可或缺的重要資料，尤其是對閻錫山研究以及閻錫山統治山西時期的地方史研究具有重要的史料價值。

第三，大陸學界閻錫山的研究成果日趨豐碩，先後出現了一些有分量的學術論著。而且，許多學者從社會史層面或近代化史觀對閻錫山進行了專題性的研究，[註20] 其成果頗豐，在一定程度上修正了以往對閻錫山有失公允的認識與評價，但這些研究中仍有一些論著難免思想包袱很重，他們對閻錫山的認識雖有了比較客觀的評價，然並非完全能夠解放思想，還閻錫山以本來面目，且他們大多以傳記的著作形式表露其對閻錫山的認識。例如：艾斐、占魁的《閻錫山》（河北人民出版社 1984 年）；吳文蔚的《閻錫山傳》（臺中文宏美術印刷廠 1983 年）；蔣順興、李良玉的《山西王閻錫山》（河南人民出版社 1990 年）；中共中央黨校編寫組編的《閻錫山評傳》（中共中央黨校出版社 1991 年）；李茂盛的《閻錫山晚年》（安徽人民出版社 1995 年）；李茂盛等的《閻錫山全傳》（當代中國出版社 1997 年）；王振華的《閻錫山傳》（團結出版社 1998 年）；王樹森的《閻錫山這個人》（上海人民出版社 1999 年）；雒春普的《閻錫山傳》（山西人民出版社 2004 年）；苗挺的《三晉梟雄：閻錫山傳》（中國華僑出版社 2005 年）。

<hr>

[註20] 景占魁：《閻錫山與西北實業公司》，山西經濟出版社 1991 年；董江愛：《山西村治與軍閥政治》，中國社會出版社 2002 年；景占魁的《閻錫山與同蒲鐵路》，山西人民出版社 2003 年；韓玲梅：《閻錫山實用政治理念與村治思想研究》，人民出版社 2006 年；申國昌：《守本與開新：閻錫山與山西教育》，山東教育出版社 2008 年。

2、主要研究成果述評

通過前面簡單的勾勒，大致可看出近五十年來閻錫山研究發展的基本脈絡和取得的重要成果。誠然，眾多論著所討論的問題涉及閻錫山的方方面面，不可能全部予以介紹，因此只能擇其要者，將之分成綜合性與若干專題略作評述。

（1）綜合性研究

它主要是對閻錫山的一生進行了總體的研究。這些研究成果主要表現於閻錫山的傳記。

其作者在閻錫山傳記的書寫中，對閻錫山及其相關之事情有一定的研究與認識。如大陸學者艾斐、占魁筆下的閻錫山是一個圓滑、詭計多端、不擇手段的口言救國實為亡國的反動人物。〔註21〕而時隔六年後，蔣順興與李良玉筆下的閻錫山卻是一個活生生的政治人物，他們對其以四六開的原則加以評判，認為閻既有貢獻也幹了不少壞事，其中貢獻主要為：〔1〕對辛亥革命作出了重要貢獻。〔2〕民國初力主抵抗沙俄侵略外蒙。〔3〕華北事變後主張守土抗戰和聯共救亡。〔4〕為發展山西經濟做了不少事。其壞事主要是反對共產黨，直到老死，還堅持反共立場；抗戰期間進行降日活動；抗戰勝利後參與發動新的內戰。〔註22〕王振華則堅持唯物史觀的指導對閻進行了二分法，以為閻「畢竟是一個封建軍閥、國民黨軍政要員，長期堅持反共、反人民，從政治上講是反動的。但他作為一個歷史人物，在特定歷史條件下，不管出發點是什麼，總還是要辦一些好事的。否則，他就不可能維持自己的統治達 38 年之久。」〔註23〕可見，在 20 世紀 90 年代對閻錫山的評價仍受到意識形態的影響。然進入 21 世紀，對於閻錫山的評判逐步客觀化，大多學者將其作為一個時代與政治的人物進行分析。其中雒春普經過對閻錫山十多年的研究，其筆下的「閻錫山」較為接近歷史上的閻錫山，她搜集了大量的一手資料，採用歷史敘述法，以史料說話的方式將閻錫山的一生做了相對客觀的勾勒。〔註24〕

然而，與大陸某些學者對閻的認識不同是，臺灣學者在對閻錫山的研究

〔註21〕艾斐、占魁：《閻錫山》，河北人民出版社 1984 年。

〔註22〕蔣順興、李良玉：《山西王閻錫山》，河南人民出版社 1990 年。

〔註23〕王振華：《閻錫山傳》（下冊），團結出版社 1998 年，第 736 頁。

〔註24〕雒春普：《閻錫山傳》，山西人民出版社 2004 年。

中又有某些誇大或拔高的意味。如：吳文蔚以傳記體的形式描述了閻錫山的一生，比較詳細地敘述了閻錫山在不同時期的政治、經濟、軍事與哲學思想以及他的社會政治行為，清晰地勾勒了閻錫山的人生歷史軌跡，而且文中運用了大量的珍貴史料。不過，著者在對閻錫山的評價中似有過分誇大之意。作者認為閻錫山「是近代的一位軍事家、政治家、教育家及哲學家，是一個偉人，更是一個完人」，〔註25〕此似乎是著者自己的觀感，但並非是歷史之本相。當然臺灣曾華璧對閻錫山的斷代綜合性研究還是富有很高學術價值的。曾著以1912～1928年閻錫山的政治行為為中心，運用歷史敘事的手法，分時段地探討了閻錫山的角色以及閻錫山在派系鬥爭中的政治立場，具有一定的歷史現場感。但比較遺憾地是它只關注北洋內部以及南北之間鬥爭中的閻錫山，而並未能真正表現出閻錫山自己的政治追求，以及在當時特殊社會轉型中，閻錫山作為一名軍政要人，在政制的艱難轉型過程中，他自身對中國政制出路的思考，對中國問題解決方法的考慮。另一缺憾是在史料的運用上，主要以閻檔為基礎，而缺乏太多有血有肉的歷史真實，且其中許多觀點值得進一步商榷，如閻錫山擁段主戰，作者認為是出於閻段關係親密，然從另一角度也可以探究閻錫山的主戰態度，或可認為是他對國家統一的一種思考與解決方式。該著只有武人亂政的景觀，而缺少其對國家建設或出路的思考，只有權力鬥爭，而缺乏人性的歷史畫卷。〔註26〕

　　不過，史學中二分法的思維慣性又使香港地區對閻錫山感興趣的學者走向了另一極端。香港致誠出版社於1966年出版了陳少校的《閻錫山傳》，其採用章回體的寫作風格，運用辛辣的筆調書寫了閻錫山的政治人生，文中大多內容對閻錫山做了過分貶低，從而使得該著失去了歷史的真實以及它在社會的影響力。如作者在文中寫道，凡是軍閥有的劣等性，「閻錫山這個軍閥也有，甚至早已有之，且較他們為多。總之，他是蔣介石以下的一個大軍閥，他和蔣介石一樣，都是近數十年中國歷史上的渣滓，他也和蔣介石一樣，最終被人民掃了出去！」〔註27〕1972年，陳少校又出版了《閻錫山之興與滅》，該著從閻錫山在辛亥革命時自為山西都督起，至退出大陸為止，講述了閻蔣

〔註25〕吳文蔚：《閻錫山傳》，臺中文宏美術印刷廠1983年，第14頁。

〔註26〕曾華璧：《民初時期的閻錫山——民國元年至十六年》，臺灣大學出版委員會1981年。

〔註27〕陳少校：《閻錫山傳》，香港致誠出版社1966年，第279頁。

鬥法、閻馮分合、中原大戰、閻日勾結等的曲折內幕，特別是揭露了抗戰期間閻錫山與日本勾結的種種密約和文件。

（2）專題性的研究

它主要側重於閻錫山相關方面的研究。自 20 世紀 90 年代以來，對閻錫山的專題性研究可謂碩果累累，具有代表性的論著可分爲兩類，一類是關注中央與地方關係以及閻錫山與政治上層人物的關係，而另一類則偏重於山西地方史的研究。其中，突出中央與地方以及反映閻錫山與政治上層人物關係的論著主要爲相從智主編的《中外學者論張學良楊虎城和閻錫山》與胡全福的《張學良與閻錫山秘聞錄》，相著中收集的論文如閻錫山與張學良、閻錫山與馮玉祥、閻錫山與中原大戰、閻錫山與北平擴大會議、閻錫山的金融思想以及閻錫山政權的對外貿易等相關論述，主要圍繞問題是：閻錫山在西安事變中起了什麼作用？閻錫山的「守土抗戰」是眞抗戰還是假抗戰？閻錫山在山西搞經濟建設的作用如何？這些相關問題的探討都相對比較客觀公允地反映了閻錫山的政治特徵，並對他做了一定的評價，〔註 28〕較之以前對閻的認識有了較大的改觀。胡著論述了 1921 年的晉奉合作史，從閻錫山與張作霖誓志以盟，到張作霖死後，張學良又與閻錫山繼續交往，以及他們之間分合交融相互利用的關係。〔註 29〕

除專著性研究外，學界還發表了大量的專文對閻錫山的政治行爲與社會活動進行了學術探討。對於閻錫山與山西辛亥革命之關係的探討，如：付尚文就清末山西新軍的建立過程以及閻錫山任晉省都督的歷史脈絡做了梳理，作者認爲閻錫山充任山西都督是革命投機，竊取了革命勝利果實。〔註 30〕此論點似對閻錫山在山西辛亥革命中所做貢獻的評價似有不實之處。針對此文，山西學者景占魁做了一定的學術回應，他認爲閻錫山是辛亥革命在山西的重要參與者及領導者，過去的一些論著對其作用多持否定態度，但經過史料的梳理與唯物史觀的分析，他主張「應當肯定閻錫山在辛亥革命中的作用」。〔註 31〕智效民對於閻錫山參加辛亥革命的思想基礎與閻在太原起義中的

〔註 28〕相從智：《中外學者論張學良楊虎城和閻錫山》，人民出版社 1995 年。

〔註 29〕胡全福：《張學良與閻錫山秘聞錄》，東方出版社 2005 年。

〔註 30〕付尚文：《清末山西編練新軍及辛亥革命時期閻錫山充任晉省都督紀實》，《河北大學學報》1979 年第 1 期。

〔註 31〕景占魁：《應當肯定閻錫山在辛亥革命中的作用》，《晉陽學刊》1986 年第 6 期。

作用也進行了論述，他比較客觀地對當時閻的革命活動做了評價。〔註 32〕景占魁後又撰文對辛亥革命後的閻錫山做了評價，認爲辛亥革命後的近 40 年，閻錫山雖然在某些方面和某些時期，做了一些有利於時代發展進步的事情，但基本上看，卻是與民主革命尤其與新民主主義革命不斷發展這一歷史走向相悖的，〔註33〕結果是他又從革命史觀的角度對閻做了一個階級定性。

同時，楊天石亦撰文論述了北伐期間閻錫山易幟的原因，閻在換旗過程中對各方政治勢力的考慮與應對，以及閻最後何以傾向於南京蔣介石。作者認爲閻的行爲給當時的武漢國民政府與奉系造成一定影響，直接加速了武漢政府的垮臺與奉張的北撤。〔註 34〕該文是目前爲止研究閻錫山北伐時期換旗的一大力作。其後劉峰搏亦分析了北伐時期山西易幟的背景、易幟的過程以及易幟後的影響。他認爲山西易幟事件不能排除閻想保存或擴充實力的人爲動機，但山西易幟客觀上又是一個地方勢力面對三個中央政府對晉工作反應的最終結果，而這一結果對後來北方軍政格局的形成，乃至全國政局的走向都產生了重要影響。〔註 35〕劉文對閻錫山易幟的研究就略遜於楊文，劉文雖在觀點上有新意，且選取了一個較好的視角，但其論述略顯薄弱。對於中原大戰及其所引發的北平擴大會議的探討，韓信夫分析了閻錫山黨統問題與北平擴大會議的關係，認爲北平擴大會議是國民黨內派系矛盾和鬥爭及蔣介石與地方軍人實力派矛盾和鬥爭不可調和的產物；閻錫山的政治主張完全喪失了政治原則性，使得反蔣運動的政治色彩變得十分模糊；北平擴大會議中汪、閻、馮三巨頭的領導體制是矛盾的，因暫時的利益關係將其捆綁在一起；中原大戰的勝敗，決定著北平擴大會議的命運；並對閻錫山的階級屬性做了定論，「閻錫山是北方地主與舊式高利貸商人的政治代表」。〔註 36〕范力則著重從閻錫山與中原大戰的發動、結局等方面做了論述，認爲中原大戰是蔣、閻矛盾惡化的產物，在大戰後閻錫山實力受到削弱，只好回晉自保。〔註 37〕

對於閻蔣關係的探討，魯輝考察了從中原大戰到抗戰爆發後的蔣閻關

〔註32〕智效民：《閻錫山與辛亥革命的幾個問題》，《晉陽學刊》1992 年第 1 期。

〔註33〕景占魁：《評辛亥革命後的閻錫山》，《晉陽學刊》2002 年第 6 期。

〔註34〕楊天石：《論 1927 年閻錫山易幟》，《民國檔案》1993 年第 4 期。

〔註35〕劉峰搏：《閻錫山與一九二七年山西易幟考論——以中央與地方關係爲透視點》，《山西師大學報》（社會科學版）2008 年第 2 期。

〔註36〕韓信夫：《閻錫山的黨統主張與北平擴大會議》，《民國檔案》1994 年第 2 期。

〔註37〕范力：《閻錫山與中原大戰》，《歷史教學》1993 年第 4 期。

係，認為閻錫山始終把蔣介石作為「有噁心」的「不可不防的小人」來看待，所以時刻存有高度的戒備心理，並從軍事、經濟、地盤上保持最大限度的「獨立性」。〔註38〕而智效民利用新的史料——《徐永昌日記》中所反映的歷史信息，解讀了中原大戰至抗戰前後期的蔣閻關係，以為蔣閻關係雖有糾葛，但在一些大的事件中他們還是政治態度能夠一致，甚或他們微妙關係能夠趨向緩和。〔註39〕曾景忠以《民國閻伯川先生錫山年譜長編初稿》為主要論證史料，認為閻錫山與國民政府蔣介石之間既有相互鬥爭的一面，又有統一合作的一面。特別是在「九一八事變」發生後，閻錫山不僅為國民政府和蔣介石獻計獻策，如團結抗日、共同禦侮，而且反對「華北自治」，勸止並調停兩廣事變和西安事變。閻錫山的這些政治活動，無疑對穩定局勢，增進民族團結意識起了積極的作用。〔註40〕金以林在其研究中以為 1930 年中原大戰後閻錫山曾被迫下野，一時彷彿銷聲匿跡，難以再起。但不到一年，他又公然返回山西，重新控制原有地盤，再次在國內政壇上扮演縱橫捭闔的角色。寧粵和談期間，閻錫山一面積極參與逼蔣下野，同時又將矛頭對準因「九·一八」事變而內外交困的張學良，秘密聯合北方韓復榘和粵方汪精衛等積極倒張。閻錫山的這些活動，雖然沒有成功，但他利用這一機會，恢復了原有勢力。〔註41〕當抗日呼聲高漲時，閻錫山亦參與了逼蔣抗日的活動。根據任振河的研究，張學良曾五訪閻錫山，與閻達成了協同勸蔣之同盟和共同逼蔣抗日之默契，從而促成了西安事變的爆發，促使以往堅持「擁蔣剿共」和「親日反共」政策的閻錫山，在國難當頭，民族危機空前嚴重之時，實現了向「聯共抗日」立場的重大轉變，促進了山西乃至全國抗日民族統一戰線的建立。〔註42〕對此論點可以印證的是王靜在就閻錫山與西安事變的發動及其和平解決的分析中，也指出在這一過程中閻錫山的作用不容忽視。〔註43〕

　　關於閻錫山與中國共產黨之關係的研究，馬小芳以專著的形式從中國共產黨與閻錫山集團之間建立統一戰線關係入手，全面、系統、深入地分析了

〔註38〕魯輝：《論閻錫山與蔣介石的政治關係》，《晉陽學刊》1992 年第 5 期。

〔註39〕智效民：《抗戰前閻錫山同蔣介石的關係》，《晉陽學刊》1995 年第 4 期。

〔註40〕曾景忠：《九一八事變後閻錫山的擁蔣統一立場——對閻錫山與蔣介石關係的一段側面觀察》，《山西師大學報》1994 年第 10 期。

〔註41〕金以林：《寧粵對峙前後閻錫山的反蔣倒張活動》，《近代史研究》2005 年第 5 期。

〔註42〕任振河：《張學良五訪閻錫山》，《近代史研究》1994 年第 2 期。

〔註43〕王靜：《閻錫山與西安事變》，《晉陽學刊》1994 年第 2 期。

中國共產黨抗日民族統一戰線方針的制定、閻錫山集團接受中共統戰政策的條件、中共與閻錫山建立統一戰線的過程以及中共對閻錫山集團進行統戰工作所採取的策略，並對統一戰線做了評價。〔註44〕與此著有異曲同工之效的是樊卡婭的《毛澤東爭取閻錫山合作抗日的前前後後》，該文詳述了毛澤東爭取閻錫山合作抗日的歷程，並成功地爭取到閻錫山的合作，此一舉動對於中共贏得山西乃至華北敵後的大好抗戰局面產生了重要影響。〔註45〕此類專論從黨史的角度強調了中國共產黨促使閻錫山走向抗戰並與之建立統一戰線所發揮的作用，卻忽視了閻錫山在社會變遷中他自己抗戰的要求與想法。王貴安在其研究中就認爲，守土抗戰是閻錫山對日作戰的一個突出特點，其形成原因主要是日本的侵略政策妨礙了閻的既得利益，共產黨的統一戰線政策和國民黨內部的矛盾又促使了閻的立場轉變，及傳統文化薰染了閻的民族獨立意識，〔註46〕由此使閻走向了積極抗戰。但不容否認的是閻錫山是反共的，他一直存有防共的心理，也採取過防共的措施。王金海就曾對閻的限共做過一定的研究，認爲抗戰時期閻錫山對中國共產黨領導的抗日武裝力量，採取了複雜而矛盾的政策，其政策之一就是限共，而且限共的手段多樣。〔註47〕

此外，閻錫山與日本關係的相關性研究也有了一定的收穫，學界大致認爲閻錫山與日本關係甚密，而且確有投靠日本的事實，但並非是賣國行爲。如：郭彬蔚譯編的《日閻勾結實錄》對閻錫山與日本的秘密活動進行了紀實性的梳理與揭露。〔註48〕葉昌綱、黃仁傑認爲「七七事變」前閻錫山在山西之所以能長期維持其統治，其一重要原因就是他投靠日本並得到日本的扶植和支持；〔註49〕張廣漢、葉昌綱圍繞閻錫山私通日本的原因，及閻錫山私通日本與汪精衛之流賣國投降的區別進行了學術探討，認爲閻與日本關係密切是出於一定的政治目的，而不能與汪精衛等出賣民族情節之行爲相提並論。〔註50〕張穎、王振坤就閻日勾結的由來與經過做了分析，認爲閻錫山身爲一

〔註44〕馬小芳：《中國共產黨與閻錫山集團統一戰線研究》，中共黨史出版社 2005年。

〔註45〕樊卡婭：《毛澤東爭取閻錫山合作抗日的前前後後》，《晉陽學刊》2005 年第 4期。

〔註46〕王貴安：《閻錫山守土抗戰原因探析》，《山西師大學報》1995 年第 2 期。

〔註47〕王金海：《閻錫山的限共政策》，《晉陽學刊》1984 年第 6 期。

〔註48〕郭彬蔚譯編：《日閻勾結實錄》，人民出版社 1983 年。

〔註49〕葉昌綱、黃仁傑：《閻錫山與日本的前期關係》，《晉陽學刊》1984 年第 5 期。

〔註50〕張廣漢、葉昌綱：《閻錫山私通日本的歷史考察》，《抗日戰爭研究》1997 年第

個戰區的軍政長官，爲達到個人割據山西目的，竟暗中與日本侵略者勾結，實屬有罪。〔註51〕田酉如則考察了閻錫山在青年、中年時期與日本的關係，論述了從閻崇尙軍國主義到與日本勾結的歷史軌跡，〔註52〕即從情感心理的角度對閻與日關係密切之緣由做了一點深究，其對閻偏好於日本的分析路徑是有一定新意的。後葉昌綱又從閻錫山經常提及日本的幾個問題入手，對其考察和分析，以爲閻對日本的看法或認識是模糊的，造成這種結果的原因主要是閻缺乏對日本歷史和現狀的系統學習和瞭解，及其唯心史觀的局限。〔註53〕

不過，由於「革命史觀」在受到「現代化史觀」的挑戰後，山西近代化問題遂成爲閻錫山研究中一個重要的問題，不少學者對此都進行了有益的探索。景占魁以西北實業公司爲個案在對閻錫山研究中認爲西北實業公司是官僚資本，有較強的自主性，是閻反共事業上「物質力量的骨幹」，但他亦認爲公司在一定時期和一定範圍內，確實起到了一些於國於民有益的作用和影響，公司的存在與發展，對於抵制洋貨在山西的傾銷，對於技術人才的培養，對保護本省權益，促進本省工業當時及其後的發展方面所產生的客觀作用與影響也是不言而喻的。〔註54〕後景氏又從山西鐵路史的角度，探究了閻錫山對山西鐵路的建設，認爲閻修建的同蒲路貫通了山西南北，此路對山西的經濟發展起了重要作用，而且文章還解決了長期以來時人對閻錫山的一種偏見，即認爲閻錫山老謀深算，將同蒲路修成窄軌是爲了防止外敵入侵山西，通過本項研究，作者回答了閻錫山修築窄軌的用意主要是考慮到經濟成本，即用少量的錢修路同樣可以取得預期的經濟效益。〔註55〕這一研究使時人對閻錫山之認識有了轉變，閻並非完全是「反人民」的，實際上他是以自己的所見所聞在探索山西的近代化道路。申國昌另闢蹊徑，從教育史的角度切入，研究了作爲軍閥的閻錫山與山西近代教育之關係，主要探討了閻錫山興辦山西教育的動因、理念與實踐，及其興辦教育的特色與成就，以爲「不管

4 期。

〔註51〕張穎、王振坤：《抗戰時期閻錫山與日本的秘密勾結》，《歷史教學》1987年第 5 期。

〔註52〕田酉如：《閻錫山與日本軍國主義的關係》，《晉陽學刊》1993年第 5 期。

〔註53〕葉昌綱：《閻錫山的日本觀》，《山西大學學報》1993年第 4 期。

〔註54〕景占魁：《閻錫山與西北實業公司》，山西經濟出版社1991年。

〔註55〕景占魁：《閻錫山與同蒲鐵路》，山西人民出版社2003年。

閻錫山興辦教育的動機與出發點如何，就抗戰前山西各類教育的實施效果而論，不僅在許多方面取得了令世人關注的成績，而且客觀上促進了山西教育由傳統向現代的轉型」。〔註56〕

由此可見，閻錫山在維護山西統治的同時也進行了對晉省不自覺的近代化探索。對於他的這一政治實效，許多學者都注意到了閻對山西近代化的積極作用，如梁四寶、張宏在其專論中認爲閻錫山掌控山西後很重視道路的建設。1919 年，制定了《山西全省修路計劃大綱》，爲他的修路計劃拉開了序幕。到 1937 年，山西省共建成公路 23 條，總長 2938 公里。閻當時的修路構想形成了山西今天公路格局的雛形。〔註57〕王明星通過縱橫向的分析，對閻錫山修築窄軌鐵路的原因進行了深入探討，並對當時歷史環境中經濟建設與政治的關係作了一定分析，評價了閻錫山築路的歷史功績及對後世的啓示。〔註58〕劉建生、劉鵬生對閻錫山復興山西商貿做了論述，認爲閻錫山復興山西商貿的主觀動機不容質疑，但他爲維持統治，絕對不允許扶植工業產品的出口，從而導致山西軍事和重工業體系結構的相對失衡。〔註59〕王金香以閻錫山的禁煙爲角度探討了閻在山西的社會建設，並對閻的禁煙措施、過程與成效進行了分析，認爲閻錫山的禁煙運動取得很大的成就，並獲得了豐厚收入。〔註60〕閻的禁煙行動亦對山西的近代化有所促動。

山西村治的研究歷來備受學者青睞，民國時期就曾有學者或政府對山西村治進行了制度史的探索與經驗總結。如刑振基的《山西村政綱要》（晉新書社 1929 年）、周成的《山西地方自治綱要》（上海泰多圖書局 1929 年）、陳希周的《山西調查記》（南京共和書局 1923 年）、郭葆琳的《山西地方制度調查書》（山東公立農業專門學校農業調查會刊行 1935 年）與《山西現行政治綱要》（山西政書編輯處編，大國民印刷廠 1921 年）等。1980 年以來，隨著民國史與社會史研究的勃興，對地方自治的研究逐漸成爲學者們的旨趣所在。山西學者董江愛借鑒政治學的理論與方法，從歷史學的角度探討了山西村政

〔註56〕 申國昌：《守土經營與模範治理的雙重變奏——閻錫山與山西教育》，華中師範大學 2007 年博士學位論文，第 297 頁。

〔註57〕 梁四寶、張宏：《閻錫山與山西公路建設》，《山西大學學報》2004 年第 2 期。

〔註58〕 王明星：《閻錫山與山西窄軌鐵路》，《中國社會經濟史研究》1997 年第 4 期。

〔註59〕 劉建生、劉鵬生：《閻錫山與山西商業貿易》，《晉陽學刊》1996 年第 2 期。

〔註60〕 王金香：《閻錫山禁煙述評》，《晉陽學刊》1995 年第 2 期。

思想的提出與村政的具體運作，並討論了山西村治在歷史中的作用與社會影響，同時也論述了軍閥政治在山西的形成及其影響，然遺憾的是她未能將山西村治放在地方主義急劇滋長這種大歷史語境中進行分析，而且也未考慮閻錫山的政治構想若何，只是將山西村治作爲閻錫山軍閥政治的一種實踐表達。〔註 61〕她的後續研究又對山西村治的制度及其出現的負面效應做了一定探索，認爲閻爲了發展軍事實力，鞏固軍閥統治，傚仿日本的市町村制及軍國主義統治模式，在山西實行區村制，眞正把軍閥政權下移到村一級，並把西方的民主思想和孫中山的民治主義嫁接到其軍閥極權統治中，實行「以村爲本」的政治建構和政治管理，最大限度地強化了軍閥政府對農村社會的控制，然由於軍閥政府的官僚機構進入不斷膨脹的惡性循環之中，不可避免地造成官僚腐敗和權力失衡，這就從根本上決定了山西村治效果的有限。〔註 62〕李德芳亦對山西的村治及其變革進行了學術梳理，並就山西村治是南京國民政府時期鄉村自治的藍本進行了探討，提出了對山西村治評價的一點思考，認爲應從制度與實踐層面相結合來評判山西村治。〔註 63〕祖秋紅則以山西村治爲切入點，探討了民國北京政府時期國家行政與鄉村自治的關係，論述了閻錫山村治的理論及其實踐以及「山西村治」的績效，認爲山西村治是國家依靠行政整合鄉村社會的一種途徑。〔註 64〕祖著選取視角很新穎，但對其時山西村治的歷史語境把握不是很好，筆者以爲閻錫山的山西村治並不能夠代表當時的國家行政，而卻是中央與地方權力斷層下的一種由地方政府主導的鄉村治理。

學界還對閻錫山的軍事史進行了研究。劉書禮、張生探討了 1917～1930 年間閻錫山的四次擴軍，使晉軍由 7000 餘人增至 20 餘萬人，佔據晉察冀綏四省和平津二市，使閻錫山成爲蔣、馮、閻、桂四大實力派之一，並論述了在此過程中閻錫山爲了生存和發展，時而投靠袁世凱、段祺瑞，時而擁護張作霖、吳佩孚，時而聯蔣反馮，時而又聯馮反蔣，閻在大小軍閥混戰的夾縫

〔註61〕 董江愛：《山西村治與軍閥政治》，中國社會出版社 2002 年。

〔註62〕 董江愛：《山西編村制度研究》，《山西大學學報》2003 年第 1 期。董江愛：《論閻錫山統治下的村治腐敗與權力失衡》，《晉陽學刊》2002 年第 6 期。董江愛：《村民自辦還是政府官辦？——與孟令梅先生商榷》，《晉陽學刊》2002 年第 2 期。

〔註63〕 李德芳：《閻錫山與山西村制變革》，《晉陽學刊》2001 年第 5 期。

〔註64〕 祖秋紅：《「山西村治」——國家行政與鄉村自治的整合（1917～1928）》（未刊稿），首都師範大學祖秋紅 2007 年博士學位論文。

中求生存。他們認為閻錫山能使晉系發展的決定性原因是閻的謀略和手腕，閻善於審時度勢，隨機應變，每當形勢有利時，他就大力發展自身實力，每當處於逆境時，他就退居山西自保。作者以為這些因素是閻錫山政治「不倒翁」的主要原因。〔註65〕另外，對於閻錫山晉軍史的研究還有王翔主編的《閻錫山與晉系》〔註66〕與文聞編的《晉綏軍集團軍政秘檔》〔註67〕，該著探究了晉系形成與發展的歷程，其中雖有一些反映閻黨內部權力鬥爭與派系隔閡的內容，但從某種意義上來說它仍不失為山西軍事史研究的開拓之作。

對閻錫山思想的研究亦是學界關注的熱點問題之一，但此類研究起步較晚，在20世紀90年代以來才有成果先後問世。如：景占魁曾專文對閻錫山經濟思想的主要內容、特色及閻的經濟思想產生的原因、作用和影響做了評述。〔註68〕同時他又對閻的教育思想做了分析，認為閻為辦教育採取的具體措施對於普及山西的國民教育，提高國民的文化素質，培養科學技術和經濟建設人才，都曾起到了促進作用，但閻所推崇並竭力向受教育者灌輸的那些封建主義毒素，嚴重窒息了人們的民主和參政意識，壓抑了人們的創造精神，因而對山西社會的民主與現代化的進程起了很大的阻礙與破壞作用。〔註69〕郭學旺就中國傳統文化主干與閻錫山「統治術」間的關係展開論述，對「公道主義」與「人治」思想、「用民政治」與「民本思想」及儒學與西學的調和做了比較分析，認為閻的思想是中西合璧的產物，其中儒家思想色彩較重。〔註70〕針對閻錫山自身儒學思想濃厚這一論斷，成新文與賀淵也表認可。成新文認為閻從小接受的是儒學文化的啟蒙教育，導致他深受中國傳統思維方式與價值觀念的深刻影響。閻錫山的儒學情節，使閻在山西掌權時期進行的每一項政治事務都帶有濃厚的儒學文化色彩，他將中國未來的發展寄託在復興儒學上。〔註71〕賀淵對1912～1927年間閻錫山借用軍國主義思想、召回儒家思想、實施「人治」思想做了探討，認為期間閻的思想既非民主主義，更非社會主義，也不完全屬於封建思想，而是近代中國這一特殊社

〔註65〕劉書禮、張生：《略論閻錫山與晉系軍閥的崛起》，《山西大學學報》1995年第1期。

〔註66〕王翔：《閻錫山與晉系》，江蘇古籍出版社1999年。

〔註67〕文聞：《晉綏軍集團軍政秘檔》，中國文史出版社2009年。

〔註68〕景占魁：《閻錫山經濟思想簡論》，《晉陽學刊》1991年第5期。

〔註69〕景占魁：《論閻錫山的教育思想》，《晉陽學刊》1993年第2期。

〔註70〕郭學旺：《閻錫山與傳統儒學》，《晉陽學刊》1994年第4期。

〔註71〕成新文：《早年閻錫山的儒學情結》，《晉陽學刊》1999年第5期。

會環境中產生的思想拼盤，是閻錫山對治理山西乃至治國的思考和嘗試。
〔註72〕韓玲梅從閻錫山的「村治」制度及其政治行爲入手，層層剖析閻的思想，認爲貫穿閻一生的政治思想是以「存在即是眞理，需要即是合法」爲指要的實用政治理念，這類實用政治理念一般體現在他的統治行爲、制度、政策及思想觀念之中。〔註73〕此著對我們重新認識和解讀閻錫山政治思想大有裨益。

3、當前閻錫山研究存在的不足

　　縱觀前人研究成果，可看出學界對閻錫山的研究已形成了一定的規模，閻錫山的傳記與具有地方史意識的專題研究成果層出不窮。特別是自 20 世紀 80 年代以來，閻錫山研究逐步被納入社會史研究行列，借鑒社會學、政治學與教育學等的研究方法，研究視野得到擴展。而且，學界對民國北京政府時期閻錫山研究較好之成果大致可歸納爲兩派，一是「地方自治研究派」，另一是「對閻錫山在山西行爲的專題研究派」及「閻錫山思想分析派」。

　　首先，「地方自治研究派」採取了三種研究範式，一種是仍束縛於「革命史觀」的羈絆，以社會史爲視角，引入政治學的方法，考察閻錫山的統治與山西村治之間的關係，具體關注的內容是軍閥政治下的地方自治，拋棄了以前「階級鬥爭論」定性下的地方反動統治。此對閻錫山研究提供了兩個新的啓示，一是在方法論上，將社會史與政治學的研究方法引入了閻錫山研究。二是研究資料有所突破，運用了村制方面的一手文獻資料，擺脫了以往只注重文史資料與口述資料的應用。當然在沒有可靠文獻資料的基礎上，文史資料與口述資料也是有助於研究的，但閻錫山的相關文史資料與口述資料，大多由閻錫山的支持者或反對者所遺留，對閻錫山行爲敘述多作肯定或否定之評價，很難還原當時歷史的全貌。此類研究在回答閻錫山進行地方自治問題上，似難做出令人滿意之解釋。第二種是「現代化」理論的研究範式，其研究旨趣主要集中於專題性的研究，如對閻錫山的工業建設、教育建設、經濟建設等，並將「現代化」理論與社會史研究相結合，對閻錫山在山西的地方自治做了相對中肯的研究，但仍未能探討全國各省中何以閻錫山能夠在山西自治？第三種是引入了社會史的研究視角，即「國家行政與鄉村自治的整

〔註72〕賀淵：《1912～1927 年閻錫山治晉思想初探》，《近代史研究》1998 年第 1 期。

〔註73〕韓玲梅：《閻錫山實用政治理念與村治思想研究》，人民出版社 2006 年。

合」，其研究方法較爲新穎，然與史實相悖，閻錫山治晉實質上並不代表「國家行政」，而是地方主義的一種彰顯。此種研究自然也難以解釋山西村治之起源及其目的。

其次是「對閻錫山在山西行爲的專題研究派」及「閻錫山思想分析派」。「閻錫山思想分析派」的研究旨趣主要是側重對閻錫山的儒學情結、經濟思想、軍事思想、金融思想等方面的學術探討，其可貴之處是開拓了閻錫山的研究空間，其中也不乏有一些力作，但大多作品仍是就事論事，很少能將其思想與政治行爲結合起來進行研究，更鮮有人對閻錫山思想做過整體性研究。而「對閻錫山在山西行爲的專題研究派」以山西學者爲多，主要關注的是閻錫山在山西的政治活動或其他行爲，如閻錫山的軍事建設、修路作爲以及閻錫山與商業貿易的關係等，研究方法主要是歷史學的傳統敘事，研究結果是對閻錫山在山西的作爲持基本肯定態度，客觀上修正了「革命史觀」下軍閥人物惡劣行徑的邏輯思維。這些地方史的研究實際上是對閻錫山在山西統治歷史的一種還原，然研究路徑卻局限於一種「小歷史」的認識，而缺乏「大歷史」的關懷。

4、對閻錫山研究的展望

通過前文對閻錫山研究的回顧，筆者對以後的閻錫山研究有一點淺陋的思考，現將其梳理成文，以供學界同仁批評指正。

（1）具有整體性特徵的閻錫山研究須得到進一步開拓。對閻錫山感興趣的學者較多，覆蓋國內外，可見閻在國際與國內的影響較大。然從目前來看國外關於他的研究成果相對較少，但也畢竟對他進行了初步的探究。另外，臺灣由於佔有豐富的閻錫山資料，以及享有搜集資料的便利條件，故臺灣的閻錫山研究成果頗豐。而且臺灣的《傳記文學》在閻錫山誕辰一百周年之際，專門爲其開設專欄，對他進行探討，可見他在臺灣的聲望之高。香港也出版了他的傳記及其相關著作，雖對其評價有失客觀公允之處，但畢竟把他介紹給了時人，使人對其有所認識。大陸學者對閻錫山的研究貢獻很大，隨著認識的不斷更新與資料的深入挖掘，爲其做了多部傳記，專論性的研究成果也已出現，如對閻錫山與中共統一戰線的探討，以及村治在國家與社會整合中的作用等，但是由於資料的欠缺，對閻錫山在民國北京政府時期的政治行爲及其角色關注甚少，特別是就此對他進行分時段的考察，到目前爲止學界鮮人問津，而大多研究關注的是南京國民政府時期他與蔣介石的鬥法、北平黨

部擴大會議、中原大戰以及他與西安事變的關係等。由此可見，如進一步對民國北京政府時期閻錫山進行斷代性研究，還是留有很大學術空間的。

（2）閻錫山研究中要有大歷史關懷。大陸學者對閻錫山在地方的活動相對感興趣，特別是山西學者在這一方面的學術貢獻較大。他們利用優越的區位環境，從山西檔案館搜集了閻錫山未損的相關資料，對其進行了深入研究，且面世的成果非常之多，涵蓋面也較為廣泛，有閻錫山與國際間關係的研究、閻錫山統治山西時的思想研究、閻錫山與山西村治的研究、閻錫山對山西建設的研究、閻錫山與山西教育的研究、閻錫山「守土抗戰」的研究以及閻錫山與山西政治秩序的研究。前文對這些成果已有詳述，總體感覺是學者們已注意到了閻錫山統治山西時期的方方面面，而且在研究過程中對其的評價，已從受意識形態的強烈影響到逐漸擺脫了這一束縛，而能相對公正地對他在山西的統治做出客觀的分析，尤其是通過種種實證性的研究探索反映了閻對山西近代化事業的重大推動，使時人走進了比較客觀的閻錫山及其在山西的歷史場景。這些研究所用的資料也較為豐富，學者們將大陸與臺灣早年出版的一些（如閻錫山年譜、言論輯要及村政彙編等）資料相結合，對閻錫山進行了學理性的探討，其研究的廣度不言而喻。然從大歷史觀的角度對其考察的著作相對較少，特別是對民國北京政府時期閻錫山的政治選擇及其原因的探討還相對較少，對山西軍紳政權的研究更是鮮有成果問世。

（3）多學科研究方法的交叉運用須得到進一步昇華。目前學界閻錫山研究已取得了一定的收穫，但其深度還有待進一步挖掘。筆者以為要研究閻錫山，首先需肯定他是一個政治人物，政治人物的行為往往很難用大眾的心理或情感來觀察，特別是閻錫山這樣的一個人，其政治行為特別靈活，而且有著自己獨立的政治思想，所以要解釋他的政治理念與活動，簡單地套用階級的理論是否有失偏頗，還值得進一步思考與探究。筆者覺得對他最好的研究就是把他放在歷史場景中，通過觀察社會的變遷及其政治活動，來把握它的靈魂。此外，要想對閻錫山獲得深刻的認識，僅憑歷史學的傳統敘事方法很難有所突破。對於像他這樣中西學雜糅的民國政治要人，運用多學科的理論與方法進行闡釋是必要的，尤其是運用政治學與社會學的方法及概念等，從政治史的角度來建構並解讀他，定會出現一種不同於昔日的認識。所以，閻錫山研究方法的更新是必要而且也是必需的。

（4）大陸資料的缺乏仍是閻錫山研究的一大難度。臺灣學者在早些年很少能看到大陸存有閻錫山的相關資料，而大陸學者也很難看到臺灣有關閻錫山的資料。隨著近年來，海峽兩岸的深入交流，臺灣存有閻的部分資料在大陸都可以看到，特別是臺灣國史館所存的閻錫山檔案及其先後出版的《閻錫山檔案要電錄存》，為閻錫山研究提供了良好的素材。到目前為止，大陸學界在閻錫山研究中亦開始注重這批資料的運用，如金以林的《寧粵對峙前後閻錫山的反蔣倒張活動》（《近代史研究》2005 年第 5 期），其資料主要就是以閻檔為基礎，但是就筆者所見的其他論述，對閻錫山檔案運用得還不是很多，尤其是一些有分量的閻錫山研究作品還未能真正運用這批資料對民國北京政府時期的閻錫山做深入的學術探討。另外，浩繁的報紙資料對閻錫山的活動也多有記載，是閻錫山研究必不可少的資料。所以筆者以為閻錫山研究在資料的搜集上還有必要深挖。

三、研究內容

辛亥革命導致中國社會轉型加速，政制轉變、社會變革與國家離合合奏進行。辛亥之役引發「督撫革命」，各種新舊力量暫時結合在一起，結束清王權，新、舊力量通過權力與利益博弈，協定嫁接西方政治制度，構建了一種不同於昔日的政治秩序，由帝制走向「共和」。然而，政治體制雖有變化，但社會面相的複雜性使 1911～1928 年的中國社會分裂，政治地方主義盛行，國家整合陷於困境。直至北洋集團因內耗走向衰亡，南方國民黨力量逐步強大，新舊力量才再次聯姻，採取「督撫革命」整合路徑，進行北伐，確立黨國體制，而政治實體仍為幾大軍事實力派控政的軍紳政權，只不過是換湯不換藥的貼上了「以黨領政」的政治標籤。值得注意地是在這一政制轉變過程中，何以山西繼辛亥革命後能倖免局勢干擾，建立穩定的政治與社會秩序？對其來龍去脈的探究及其社會演變軌跡的歷史分析是本研究的旨趣所在。其具體研究內容如下：

1、辛亥革命引發中國政治劇變，導致中國社會新舊交替急劇轉型，那麼，在 1911～1928 年間政制轉型與山西政治秩序重構是如何互動的？政治體制轉變對山西政治秩序有何衝擊，山西的政治社會有何變化？在這一階段中國是如何從帝制走向「共和」，然後又從「共和」走向「黨治」的。對這些問題的探討是本研究首要解決和關注的。

2、從辛亥革命到北伐，中國的政治體制發生了巨大變化，而這種變化的路徑都是通過「督撫革命」完成的，何以國家整合一再以這種方式實現？其中是否能反映出中國歷來崇尚「武統」的文化性格。

3、在政治體制轉變過程中，閻錫山在山西的政治秩序重構中發揮了重要作用，且在山西穩定秩序建構中起了一種不可替代的角色，閻錫山是如何做到的？他要具備什麼樣的條件才會成為這種必然的選擇。

4、面對動盪變化的社會，閻錫山一直能夠牢牢掌控山西，使山西免受戰爭影響，並能以其獨特的政治思想理念治晉，實踐其「用民政治」，維持山西的穩定和發展。那麼，如何認識和評價閻錫山？

四、研究思路和方法

本研究避開只從區域社會史或地方政治史的微觀研究路徑，探討閻錫山與山西政治秩序的重構，而是從宏觀與微觀相結合的角度，審視中國政治社會變遷對地方政治秩序的影響，及地方政治秩序對中央核心權力的作用，即政制轉型與地方政治秩序重構的互動，將1911～1928年的山西政治秩序構建放在民國社會政治變化秩序中加以縱向考察，同時又將閻錫山的行為與山西政治社會的實態橫向探討，透視民國政治社會演變。首先，以大量一手資料為基礎，還原政制轉型的曲折過程與山西政治秩序重構的實態；其次，在重建史實基礎上，分析政制轉型與山西社會政治的關係、及山西社會政治在閻錫山引導下的自身演變，提出「山西模式」。再次，以「山西模式」形成的動因與特徵為案例，對中國近代社會轉型中所遭遇的困境和問題有一定認識和總結。

此外，本研究為歷史學、政治學的交叉項目，其中歷史敘事吸收了政治學的概念和方法，從國家權力、地方政治與個人行為三因素的互動視角出發，對閻錫山治晉時期的政治、財政、軍事、社會作出全面考察，力圖以時間、空間、政制轉型與秩序重構之關係的立體維度探討中國近代社會轉型中的相關問題，考察山西政治從辛亥革命到北伐的社會歷史變遷以及國家政治與地方秩序的關係、民國社會政治的演變邏輯、社會精英與地方政治的關係，盡可能還原1911～1928年山西社會政治的歷史全景。

五、擬突破的重點和難點

1、閻錫山是一個什麼樣的典型？可從三個層面理解：閻錫山是「新結構中的舊人物，舊人物中的趨新者，同時又是順應『革命』潮流的社會改良者」的典型；民國政局變動中「以不變應萬變」的典型。其可以折射民國時期中央與地方、政治變動與基層社會之間的關係；新舊交替時期能夠保持山西在「失序中有序」的典型。

2、「山西模式」是什麼？重點透視閻錫山治晉的統治形態，即他政權合法性靠什麼維持；政權特質，即「軍」與「紳」的關係；統治手段，「用民政治」理論體系的形成及其實現，解讀「村本政治」以及閻錫山統治山西時期推出的一系列政治、經濟和社會舉措。

3、通過對以上問題著重探討，在盡可能還原 1911～1928 年山西社會實態的基礎上，對閻錫山與山西政治秩序的構建做出客觀公允的評價。

4、對閻錫山做出客觀評價。閻錫山作為民國政壇上一個極具影響的政治人物，對他研究是不可避免要對其進行評價，但如何對他做出公允評價是一大困惑。因閻的政治人生非常豐富，其行為活動既有正面的也有負面的，所以對他評價很難有一個合適的量化標準，然又必須對他做一些認識，故只好根據本研究中閻的政治行為和角色，並結合筆者從其他一手資料中對他的瞭解，做實事求是的評價。

5、對「山西模式」提出的準確理解和把握。本文中的「山西模式」指的是一種獨特的政治類型，即在 1911～1928 年政制轉型這一歷程中，閻錫山與晉紳民合作，實現了山西政治秩序的重構，創設了山西獨特的政治類型。但若要理解它的內涵和特徵，還須依靠大量一手文獻資料，借助政治學和社會學的方法、概念，對其的形成與特徵進行深入探討。

6、對臺灣蔣永敬先生提出的「督撫革命」有一切身的認識和理解，以進一步深入思考中國國家整合何以一再走「督撫革命」道路。

第一章　「督撫革命」：新舊政權更替與軍紳秩序構建

第一節　辛亥革命在山西

一、清末山西的政治生態

　　政治生態是地方政治生活狀況與政治環境的集中反映。本文所指的政治生態主要是側重於官民關係與地方的反政府行為而言。對清末山西政治生態的闡述，是為了探討辛亥革命前夕山西的政治形勢，以追溯革命突發的原因。辛亥革命前，清政權在山西的統治遭到民眾、士紳〔註1〕、學生與新軍的強烈不滿與反抗。這種國家與社會的對抗主要表現為民眾抗捐、士紳和學生的爭礦鬥爭、以及新舊軍的衝突與同盟會的秘密革命活動。

　　沉重的稅捐及官民糾紛是致使山西民變頻繁發生的直接原因。義和團運動後，山西因教案賠款為數頗巨，故需要獲取更多錢財還債，但政府財政收入入不敷出，賠款只能分攤於民眾，其主要來自於善後紳富捐與小民的地畝捐。政府這種強取民財的做法，引起民眾強烈反抗。如澤州、潞安兩府紳富捐難以交齊，高平縣知縣高凌霄與紳士、社首集議，議定將紳富捐攤派各里，

〔註1〕　本文所談到的「紳」（縉紳、士紳）接受了陳志讓先生對「紳」的定義，即指受傳統教育、有功名的人，有些任過政府的職位，或有些擁有田產地產。參見陳志讓：《軍紳政權——近代中國的軍閥時期》，廣西師範大學出版社2008年，第5頁。

後又加派畝捐，但小民力薄，難以承受，怨聲載道。廣靈縣訓導郭士基等人乘此怨聲四起，聚集各里居民入城抗官，要求永免各捐，然後以留官爲名，向各里斂錢作費，以分肥牟利。他們雞毛傳單，約定於 1901 年 10 月 20 日在東關下廟河地方聚集 1000 餘人。知縣高淩霄聞訊，即出免捐牌示意，並差人持諭勸散，民眾不聽，一擁進城，將在押拳民賈黑漢等 6 人乘勢放令逃逸，而縣城書院曾寓教士責怒民眾，結果其門窗器具被損壞多件。知縣擔心激成他變，答應出免捐示諭，眾人開始稍稍解散。〔註2〕此外，平、蒲、解、絳縣一帶也發生多起民眾反抗政府事件。〔註3〕由此可見，民抗官現象在山西已演化成民眾反抗政府的暴力鬥爭。

除因賠款徵收捐稅導致民眾直接對抗官府外，外國在山西的傳教活動亦引發官民間的武力對抗。山西左雲縣民趙喜雲等，於 1905 年 4 月集資開挖煤窯，議定 66 天爲一輪，以 60 天紅利歸窯戶，另 6 天紅利歸山戶。范敖即山戶中之一，分利一日有半。因趙喜雲等資本不足，於是將窯賣給教民陳四喇嘛等，陳等減去范敖半日之利，卻只留一日給范，范對其敢怒而不敢言。但不久范敖就找到反擊的機會，因陳四喇嘛苛待民眾，引起民眾強烈不滿。本來在陳等買窯之前，窯附近各村民每賣炭一馱，按以前規章可減鈔一、二十文，窯口碎炭准許貧農拾取。但是，自窯歸教民後反其所爲，而且陳等還苛待窯內傭工。范敖乘著村民不平，欲以報復教堂以泄己忿，教堂聞之，也借趙拮假託神道與范敖等惑眾斂財一事，指范等人爲義和團，控告於縣府。范等輒挾煤窯前事之恨，打算與教堂鬥爭，糾集多人進城尋釁，到教堂滋事。德人教士斐特勒即率同兵丁開槍，當場擊斃 11 名。官兵又加以查拿范敖等，民眾抗拒，結果官府殺害多名反抗者。〔註4〕此案迅速傳播全省，加劇了民教衝突，導致民眾對官府更加仇視。

此外，對晉省礦產資源的爭奪激發了山西士紳與學生強烈的民族主義情緒，他們借民族義憤反對清政府統治。1905 年，英國和意大利協作之福公司派人到平定勘測礦產。清政府鐵路大臣盛宣懷與福公司續訂《山西熔化廠並合辦山西鐵路合同》4 條，由過去出賣礦產權利擴大到修築鐵路權和開採礦權

〔註2〕 中國第一歷史檔案館、北京師範大學歷史系：《辛亥革命前十年間民變檔案史料》，中華書局 1985 年，第 132、133 頁。

〔註3〕 同上書，第 136 頁。

〔註4〕 同上書，第 140～142 頁。

兩個方面。是年，盛宣懷與哲美森又在北京簽訂《道清鐵路借款合同》21 條及其附件，答應福公司由河南道口鎮經清化鎮至山西澤州修築鐵路，路成之後，管理權皆歸福公司。這一協定使英國獨佔了山西的煤鐵開採權和部分鐵路修築管理經營權。山西人民對此深為不滿，掀起了收回礦權鬥爭。從 1905 年起，首由山西大學堂和省城中等學堂學生罷課抗議，繼之各州縣學堂學生和山西在國外留學生積極響應省城學生號召。1906 年起，山西紳商積極參加礦權鬥爭，將收回礦權從輿論宣傳層面的抗議行為轉變為籌資贖礦的實際行動。是年冬季，山西實業家劉懋賞、馮濟川等人開始醞釀組織「保晉礦務公司」，並與省府大員們商定，一方面將各縣錢糧畝捐加成作為股金，一方面通過一些票號商人與各界人士認股，籌集資金，推舉渠本翹為公司第一任總經理，著手收回礦權自辦的準備工作。1907 年春，經清政府農工商部批准立案，保晉公司正式成立。總公司設在太原海子邊，並在大同、壽陽、晉城、石家莊、保定、北京等處設立分公司或分銷處，統一開採經營全省煤炭。保晉公司成立前後，中英雙方函電頻繁，交涉不斷。1908 年 1 月 21 日，外務部與福公司重開交涉，在北京簽訂了《贖回開礦製鐵轉運合同》12 條。福公司同意將贖礦銀減為 2,750,000 兩，交出對山西礦產資源的開採權。〔註 5〕至此，山西紳民的收回礦權鬥爭取得了一定成果。

為了支持晉人的礦權鬥爭，山西留日學生也參加了這一行動。他們舉行集會，採取打電報、發宣言的方式，聲援晉民鬥爭。為此，陽高留日學生李培仁投海自盡，留一絕命書，以示對山西礦權的抗爭。留學生將其遺書刊發於《第一晉話報》：

> 我非甘死好死，我實不忍見彼紫髯綠睛之輩壞我利權，制我死命也；我實不忍見以礦為生之同胞頓失生計，困苦顛連而轉死溝壑也；……山西煤鐵甲天下。我同胞何幸生於斯，族於斯，擁此鐵城煤海之巨富，乃以糊塗之總理衙門、媚外之山西巡撫，於光緒二十四年，私立合同送福公司。此約一成，則為我二千萬同胞買下預約死券矣！……試問平、盂、澤、潞之礦產，晉人之礦產，抑政府之礦產歟？……炸彈乎，匕首乎！我同胞能各手一具，則礦賊雖多，不值一滅矣！……果天未亡晉，必有感憤而起，前仆後繼，殺身以

〔註 5〕 山西史志研究院：《山西通史》（近代卷卷陸），山西人民出版社 2001 年，第293～301 頁。

衛礦者亦！嗟乎！碧海可塡，宇宙可塞，礦賊之仇，不共戴天也！
〔註6〕

從李培仁的遺書可見，他以死相爭權益的行爲，反映出西方在華勢力的橫暴、清廷及山西地方政府的無能，凸顯了山西知識精英對當局出賣國家權益的不滿，其對山西民眾起到了警示與革命激勵的作用。李培仁事件震動東京留學界。山西、河南、陝西、甘肅留學生召開追悼會，決定由同盟會員王用賓、景定成護送李氏遺體回國，同時代表留日學生參加爭礦鬥爭。李氏遺體回國後，太原學生再度集合遊行，各界代表崔廷獻、劉懋賞、李廷揚、梁善濟等也到北京交涉，據理力爭。〔註7〕隨之，同盟會在山西的活動得到發展。由於同盟會的宣傳和學生的反滿活動與日俱增，晉省留日學生加入同盟會者人數日益增多，革命思想遂在全省迅速傳播。山西學生先後加入同盟會者大概有 100 餘人，爲擴大革命思想宣傳，同盟會員景定成、王用賓、劉綿若（字翼若）、景太昭編印《晉報》。後因報紙言論偏激，省府禁止輸入。於是，他們改變策略，創議設《晉陽公報》，作爲宣傳主義的機關，由武紹先、仇少樓號召同盟會員在太原發起，於 1907 年 10 月發刊，王用賓特請假回國，擔任主編，傳通聲氣，結納豪俊。〔註8〕於是，山西學生群體革命化進程加速，組織和輿論準備逐漸成熟，爲日後率先在華北發起革命創造了有利條件。

　　受革命思想和清政府政治體制改革緩慢影響，晉省立憲黨人對清政府的憲政運動也產生懷疑，立憲黨人因對清政權不信任而分化爲兩派。清政府於 1908 年 8 月宣佈預備立憲，宣佈以 9 年爲限，頒佈《欽定憲法大綱》23 條，各省紛紛籌設諮議局，作爲民意機關代表，但它對清廷憲政改革並未起多大作用，卻成了政府暫時作爲一個和緩革命氣氛的工具。於是，部分立憲黨人在革命與改良之間搖擺不定，爲了獲得更多權益，他們是既支持立憲又同情革命。如山西諮議局議長梁善濟（崞縣人）和議員李慶芳、宮秉鈞等皆爲立憲派的出名人物，在諮議局佔優勢，是支持立憲的一派，而副議長杜上化（靈丘人），一面與梁善濟友好，一面卻同情革命黨，與同盟會保持聯繫，〔註9〕

〔註6〕山西史志研究院：《山西通史》，中華書局 1997 年，第 617～618 頁。
〔註7〕山西史志研究院：《山西通史》，中華書局 1997 年，第 618 頁。
〔註8〕鄒魯：《山西光復》，中國史學會：《辛亥革命》（六），上海人民出版社 1981 年，第 172 頁。
〔註9〕山西文史資料編輯部：《山西文史資料全編》（第二卷），山西運城福利文化用

是政治態度多元的一派。這一政治現象說明，山西某些立憲黨人對清政府的新政是不抱太大希望的，而且在某種程度上已出現了對清政府的離心。

作爲捍衛清政權工具的新軍也滋生反滿情緒。辛亥革命前，山西軍隊分新軍與舊軍兩部，新軍爲第43混成協（下協85、86兩標），相當於一獨立旅，共4000餘人，駐紮太原，協統姚鴻發，統歸山西督練公所指揮。舊軍爲巡防協13個營，亦共4000餘人。除分駐綏遠、大同、代州（代縣）、平陽（臨汾）外，駐太原者有3營。〔註10〕因姚鴻發調公所總辦，總管全省軍務，後譚振德〔註11〕接任協統，不久由夏學津代理。〔註12〕1909年3月，同盟會員閻錫山從日本士官學校畢業返晉，初任山西陸軍小學教官，3個月後升任監督。11月，清政府舉辦留日歸國學員考試，閻錫山中步兵科舉人，升任第二標教練官（相當於副標統）。〔註13〕

1910年7月，御史胡思敬彈劾山西巡撫丁寶銓，而新軍86標標統夏學津卻因禁煙激起「交文慘案」，〔註14〕85標標統齊元昏聵，他們分別被扯調離晉，陝西人黃國樑升任第85標標統，閻錫山升任第86標標統。此後，閻氏「即和山西巨紳諮議局議長梁善濟〔註15〕相結納，一味逢迎當道，以爲倖進之階」。〔註16〕閻在走好上層路線的同時，還做些軍事改革，獲取政府對

品廠1999年，第554頁。

〔註10〕閻伯川先生紀念會：《民國閻伯川先生錫山年譜長編初稿》（一），臺灣商務印書館股份有限公司1988年，第33、34頁。爲便於行文方便，後文將其標注爲《民國閻伯川先生錫山年譜長編初稿》。

〔註11〕譚振德是北洋軍官學校畢業生，爲陸軍部廕昌門生，曾擔任過第四鎮的標統和雲南新軍的協統。

〔註12〕《民國閻伯川先生錫山年譜長編初稿》（一），第29頁。

〔註13〕《民國閻伯川先生錫山年譜長編初稿》（一），第27頁。

〔註14〕交文慘案：紀元前三年，清廷有六年分期禁煙之令，晉撫丁寶銓，爲邀功及保舉私人，立以禁絕誑奏，實未宣諭禁令於民。次年春，清廷忽派員勘查，丁急調兵兩營，武力鏟煙，交城、文水兩縣之民，跪求緩鏟數日，遽開槍擊斃百餘人，又誣爲匪，以剿辦有功保案。全省大嘩，《晉陽公報》乃據實揭載，並指謫政治黑暗情形，以泄民憤。事聞於京，爲御史胡思敬劾丁殘民以逞，交部議處，降級留任。丁乃羅織大獄爲報復，賄使滿御史榮光，奏謂「山西土風淳樸，近年囂張殊甚，恐有不逞之徒，潛伏生事」，交晉撫嚴查。丁遂以簧鼓革命，搖動人心之罪，封閉報館，逮捕黨人，張漢傑、姜虎丞、張士秀等被執繫獄。其餘或交地方官嚴加管束，或革斥，或放逐。參見中國史學會：《辛亥革命》（六），上海人民出版社1981年，第172、173頁。

〔註15〕梁善濟，山西崞縣人，進士出身，日本留學習法政，爲立憲派的擁護者。

〔註16〕轉引自付尚文：《清末山西編練新軍及辛亥革命時期閻錫山充任晉省都督紀

他的信任。當時山西軍中晉籍軍人不過十分之二，而且他們多是老營混子。對此情況，閻錫山建議政府實行徵兵制，巡撫丁寶銓與新軍姚協統極表贊同，並得到山西諮議局議長梁善濟大力支持。徵兵制實行後，新軍步兵兩標中十分之六以上兵員，即係晉省之勞動農工，在兵額數量上新兵與舊兵為八與二之比。〔註17〕

此外，閻錫山還注重與新軍中上層軍官的聯繫，塑造他在軍隊的威望，經常深夜與趙戴文、張瑜、張樹幟〔註18〕、南桂馨〔註19〕等心腹密計，借訓練新軍之名，組成模範隊，秘密培植革命幹部，隊官為張培梅〔註20〕，後又成立軍人俱樂部，以研究學術為名，團結革命人士。他們密謀由王建基、徐翰文赴歸化，在秋丁祀孔時，與在太原革命黨同時用炸彈分炸綏遠將軍與山西巡撫，不幸事泄，徐翰文就義，同盟會在山西的暗殺計劃失敗。王建基潛匿河東（運城），改變鬥爭方略，從運動軍隊入手，造就起義革命武力。〔註21〕於是，太原革命氛圍漸趨緊張。9月3日，江蘇布政使陸鍾琦轉任山西巡撫，發現太原局勢危急，急召其子亮臣〔註22〕赴晉，以作和緩革命之計。〔註23〕

可見，在辛亥革命爆發之前，山西的政治生態主要表現在官民衝突與中外矛盾，特別是官民關係的緊張已達到一觸即發的程度，而且民抗官的事件已不單純是一般的官逼民反，它已夾雜了民族主義的鬥爭成分。反政府力量也不僅是下層民眾和同盟會員，而政府中的若干份子也開始了反體制的活動。這就說明當時山西民眾對清政權的離心已漸趨顯著，反政府的社會力量已經形成，但只是缺乏舉義行為的導引。

實》，《河北大學學報》1979年第1期。

〔註17〕《民國閻伯川先生錫山年譜長編初稿》（一），第34頁。

〔註18〕張樹幟，字漢捷，山西崞縣人，時為陸軍測量員，後任晉北鎮守使、軍法分監。

〔註19〕南桂馨，字佩蘭，山西寧武人，畢業於日本東京警察學校，歷任山西巡警道，晉北代理鎮守使，同武將軍公署參謀長等職，後任山西警務處處長，天津市市長。

〔註20〕張培梅，山西崞縣人，後為晉南鎮守使。

〔註21〕《民國閻伯川先生錫山年譜長編初稿》（一），第29、35頁。

〔註22〕亮臣為閻錫山日本士官學校同學，他知閻錫山早年參加同盟會，且為鐵血丈夫團成員，故來並翌晨即找閻錫山談話。出自《閻錫山早年回憶錄》，臺灣傳記文學出版社1968年，第15頁。

〔註23〕同上書，第15、16頁。

二、新舊勢力合奏的武力政變

1911 年 10 月 10 日，武昌起義爆發。翌日，清政府聞訊大震，派陸軍部大臣蔭昌統率軍隊由京漢路赴鄂，命海軍提督薩鎮冰率軍往武漢江面助戰。〔註24〕22 日，西安光復，清政府更加恐慌，擔心山西舉義，於是採取兩個措施弱化新軍，一是山西有 5 千支德國造的新槍，政府要借給河南 3 千支，隨配子彈，並已運走一部分；另一件是為防山西新軍兵變，當局要把新軍一二兩標開往臨汾與代州，由巡防部隊接替太原防務。巡撫陸鍾琦之子亮臣還找閻錫山與姚鴻發談論武昌起義之事，以瞭解太原新軍動態。就在山西當局嚴防新軍兵變時，2 標標統閻錫山與趙戴文密謀策反新軍，準備起義，認為閻與 1 標標統黃國樑私交甚厚，可爭取黃支持兵變。不過，為避免出差錯，他們派張樹幟到黃部遊說下層軍官與士兵嘩變。〔註25〕

據閻錫山回憶，同盟會員運動新軍富有成效。但筆者對此較為質疑，據相關資料佐證，太原駐軍軍官與士兵、新軍與巡防營關係惡化是太原兵變的直接動因。《申報》曾對此有過披露：

> 辛亥九月初一日發放兵餉時每兵應各領銀四兩二錢，而該軍官長以新作之軍裝均應扣還，故每兵扣銀一兩，只各放三兩二錢，於是全軍大噪，要求免扣，其勢洶洶，該長官無法，照數分發，其事始寢然，自後軍心搖動，謠言四起……

> 該處兵士多為本地人，以山東直隸河南人為最多，平日軍律甚寬，兵士於妓室煙館不時滋事，屢為該地巡警所拒送至軍營懲治，故對於巡警警衛恨入骨。太原守城之兵，均繫該處駐防新軍，時於夜間爬入城內，屢被守城之防兵捕獲，送營治罪，以此尤仇視駐防。

〔註26〕

《申報》所載另一些資料稱，太原兵變是受武昌起義大潮影響所致。武昌舉義引發他省兵變，山西才有數人潛往軍中遊說，導致新軍嘩變。特別是陝西兵變後，因山西與其毗連，晉撫派新軍兩營去陝邊防堵，發給子彈糧餉，部分士兵得軍需，計劃舉義，贊成者甚多。數百人於 10 月 29 日晨起事，槍聲四震，附和者漸多，蜂擁至撫署縱火，晉撫出面鎮壓，謂「爾等如欲倡亂即

〔註24〕 高韶先：《辛亥革命》，上海時代書局 1950 年，第 74 頁。
〔註25〕 《閻錫山早年回憶錄》，第 17、18～21 頁。
〔註26〕 《申報》1911 年 11 月 7 日，第 1 張後幅第 2 版。

先將我戕殺，若對於朝廷有所要求，我必能出奏代求」。民軍見晉撫如此，也想不出與他交換條件，一部分潰散，一部分四處劫掠，但大部堅持不散，加入者達 1000 多人。他們當即分出一旅乘正太火車直奔娘子關。〔註27〕晉撫大罵民軍妖言誤國，民軍將其殺害。〔註28〕

　　兵變成功後，閻錫山才出現在「革命」舞臺上，當然在舉義時閻未出現原因可能是「革命者」身份需保密。當太原民軍殺害山西巡撫並佔領衙署後，清政府在山西政權宣告結束，以同盟會和新軍爲代表的「新」勢力與以部分立憲黨人和官紳爲代表的「舊」勢力聯合，試圖建立新的政治秩序。10月 29 日中午，即太原革命成功之日，山西諮議局邀集軍政民代表集會，商議成立山西軍政分府，由楊彭齡倡議，仿武昌起義對黎元洪的例子，首推原協統姚鴻發爲都督，這時姚已調任巡撫衙門參議官，譚振德繼姚爲山西陸軍協協統。但譚因保衛晉撫，被民軍擊斃。而姚鴻發以其父姚錫光在任陸軍部侍郎，家眷在京，對都督一職力辭不就，於是被軟禁在諮議局。〔註29〕後經諮議局議長梁善濟安排，閻錫山被推舉爲都督，〔註30〕溫壽泉爲副都督兼軍政部長，諮議局副議長杜上化爲總參議，梁善濟爲民政部長，常樾爲軍令部長，黃國樑爲參謀部長，景定成爲政事部長。〔註31〕在新政權結構中，梁善

〔註27〕 《申報》1911 年 11 月 7 日，第 1 張後幅第 2 版。

〔註28〕 《申報》1911 年 11 月 3 日，第 1 張第 3 版。

〔註29〕 山西文史資料編輯部：《山西文史資料全編》（第七卷），山西運城市福利文化用品廠 2001 年，第 343 頁。

〔註30〕 針對閻錫山在山西辛亥革命期間升任晉省都督之事，付尚文曾在《清末山西編練新軍及辛亥革命時期閻錫山充任晉省都督紀實》（《河北大學學報》1979年第 1 期）一文中，認爲太原光復的首要領導人是姚以價，而非閻錫山，只是在太原光復成功後，閻錫山才出現在撫院，後召集諮議局開會，被推爲都督，竊取了革命成果，但他立論的資料卻未注明來源，無從查考，也難以使人對其所論信服。另從《申報》所載資料獲曉太原兵變時確實看不到閻錫山的影子，直到 11 月 7 日才有「閻督」字樣出現。但是，結合閻錫山早年回憶錄和《申報》所載太原兵變情形，它們所載史料又有很多相同之處，因此，這些資料能夠說明閻錫山在太原光復中確實是有所貢獻的，未提前在撫院出現，很有可能是在暗處操作，明處則是一些下層軍官與士兵的活動。另外，學界前人對閻錫山在辛亥革命中的作用也多給予肯定，如智效民的《閻錫山與辛亥革命的幾個問題》（《晉陽學刊》1992 年第 1 期）與景占魁的《應當肯定閻錫山在辛亥革命中的作用》（《晉陽學刊》1986 年第 6 期）。

〔註31〕 《民國閻伯川先生錫山年譜長編初稿》（一），第 40 頁。《山西文史資料全編》（第七卷），第 343 頁。山西史志研究院：《山西通史》，中華書局 1997 年，第 623 頁。

濟、杜上化與景定成等人是典型「紳」的代表，而閻錫山、溫壽泉等是「軍」的代表，「軍」與「紳」中的「新舊」結合，初步建立了軍紳秩序。其中，對於閻錫山在辛亥期間被舉爲山西都督一事，美籍學者季林曾在 1957 年與閻錫山交談，獲知閻被舉爲都督係因他是同盟會員及其與孫中山的聯繫。〔註 32〕但筆者以爲，閻錫山與立憲派梁善濟等的關係網絡，是他被舉爲都督不可或缺的重要資源。

閻錫山憑山西軍界第三號人物的實力與同盟會員的身份，與立憲派聯合，由一名地方軍官變爲山西都督，一躍而成爲晉省新政治秩序的締造者。閻執掌山西軍政府後，首先剷除分化 1 標 3 營管帶熊國斌勢力。因太原光復當日晚，熊帶領全營兵士面見閻，被閻設計當場擊斃，閻向熊部下宣佈：「熊國斌是要反革命，現在已被我處決。你們贊成革命的槍架起，原地候命。不贊成革命的自動回營。結果有兩連留下，其餘潰散。」〔註 33〕隨後，閻錫山又派王家駿、許致顯到晉南軍中動員，「設法將巡防隊招募改練新軍，其原來就募有槍有馬者編爲馬隊，有槍無馬者編爲步隊，自帶馬匹者即給馬乾糧，自帶槍枝者賞銀三兩，此外月餉按新定章程，每名給洋十八元，概由本政府給發。」〔註 34〕

太原光復不僅帶動山西其它地域反正，而且軍政分府也得到社會新舊力量廣泛支持。資政院山西籍議員李華炳、王用霖、劉志奐等忽失其蹤跡，山西同鄉不解何故，後獲知 3 人在山西參議軍事，籌劃獨立。〔註 35〕太原宣告獨立，各州縣紛紛投誠，孝義、左雲、汾陽、永寧州、寧鄉、平陸、夏縣、襄陵、曲沃、榆社等州縣具文投誠，石樓縣知縣捐廉助餉，並勸民眾捐下忙錢糧。各釐卡委員願助革命者較多。11 月 10 日後，晉省在讀陸軍與警察學生組織學生軍 500 人至軍政府，陳請編列前敵爲敢死隊，閻錫山親加獎許，「允先觀戰一次，以深閱歷，然後再任以衝鋒陷陣之責」。學界青年聞風麇至，在軍政府報名者達數 10 起，其中有陸軍畢業生 12 人共同上書閻錫山，「爲將官雖不足爲兵丁，實有餘其志決氣壯傾動一時」，他們中 1700 多名加入民軍。另各所屬助餉者也較多，晉南 8 縣與汾陽一帶占多數，運到省城款餉達 1300

〔註 32〕〔美〕唐納德·G·季林著，牛長歲、陳文秀等譯：《閻錫山研究──一個美國人筆下的閻錫山》，黑龍江教育出版社 1990 年，第 14 頁。

〔註 33〕《民國閻伯川先生錫山年譜長編初稿》（一），第 44 頁。

〔註 34〕《申報》1911 年 12 月 7 日，第 1 張後幅第 2 版。

〔註 35〕《申報》1911 年 11 月 15 日，第 1 張後幅第 3 版。

萬兩白銀之巨。﹝註 36﹞商人富戶慷慨解囊，太原光復時軍餉一時無著，眾人議定要 100 多家富戶捐銀 200 萬兩，而閻錫山以爲「光復之初，人心未定，與其找百家莫如找一家，向祁縣渠本翹借銀四十萬兩，指定委員三人往借，慨然應允。」﹝註 37﹞

山西獨立一定程度緩解了清軍對武昌的壓力，促動了袁世凱南北和議心弦。晉民軍分兵進據石家莊正太鐵路總車站。清政府得太原警電大震，急電直藩督軍嚴防，電豫撫速選勁旅分佈黃河南北，會籌防禦，如情形緊急，速毀鐵路以遏民軍北進京畿。當民軍進抵陽城後，離黃河橋約 120 公里，清軍吳祿貞統帶第 6 鎮混成協從保定出發進攻民軍。民軍擬從正定將京漢交通阻斷，如南北戰事不停，則蔭昌所率武漢前線清軍已絕歸路。而且清政府於 11 月 1 日由京運輸輜重糧食 15 車，欲解送蔭昌大營，也被山西民軍半途截留。袁世凱復出主持軍事後，認識到山西民軍控制京漢線的嚴重性，於是急切想與武漢前線民軍議和，並屢次派人聯絡，遭黎元洪嚴詞駁拒。﹝註 38﹞

就在清政府感到山西民軍威脅之時，派往剿滅山西民軍的第六鎮統制吳祿貞卻暗中與民軍議和。11 月 3 日，吳祿貞自石家莊電告軍諮府、陸軍部、資政院，「凡有運往戰地軍火、子彈、暫行扣留，以消戰爭而保和平」，並致電內閣，詳述山西民軍變亂情形。﹝註 39﹞而大同鎮於 4 日電京「變兵將北上，已派步兵二百四十名往守雁門，請將京綏鐵路電線接起，與京師直接以通聲氣。」河東道也急電到京，陝省民軍已出潼關，蒲州恐不能堅守。﹝註 40﹞吳祿貞舉措可從兩方面理解，一是爲停止戰事，阻止戰爭雙方運輸軍用物資。二是與民軍有聯繫，爲保護民軍勢力，阻斷清軍運往前線物資。這兩種推測，吳到底持哪一種？後文將對其做一探究。

同月 4 日，清政府命吳祿貞署山西巡撫。山西民軍此時也擬公舉新簡任巡撫吳祿貞爲晉省都督。民軍何以會這樣做？據悉吳同情「革命」，願與民軍合作共同舉事，故山西民軍願將都督一職讓與吳。當日，吳自石家莊至娘子關與閻錫山會晤，議定組織燕晉聯軍，直取北京，推翻清政府。吳被舉爲燕

﹝註 36﹞《申報》1911 年 12 月 20、7 日，第 1 張後幅第 3、4、2 版。
﹝註 37﹞《民國閻伯川先生錫山年譜長編初稿》（一），第 55 頁。
﹝註 38﹞《申報》1911 年 11 月 2、4 日，第 1 張第 3、4 版。
﹝註 39﹞中國第二歷史檔案館編：《中華民國史檔案資料彙編》（第一輯），江蘇古籍出版社 1991 年，第 196～197 頁。
﹝註 40﹞《申報》1911 年 11 月 10 日，第 1 張第 6、5 版。

晉聯軍大都督兼總司令，閻任燕晉聯軍副都督兼副總司令。燕晉聯軍協約議定後，吳連日遵奉清政府諭旨，向民軍開導，清軍見之甚憤，認爲吳有扣留袁世凱軍火之嫌，於 6 日夜糾集多人入帳，將吳槍斃，割其首級而去。吳死後，吳軍與山西民軍聯合北上，京師大震，派清軍 1500 名對抗 2500 名聯軍，清軍敗走。至於吳被刺原因，是由於他反抗清朝皇權，擁護政體改革。據稱「吳爲北軍中強逼政府承認資政院要求首領之一，今忽被害，恐北軍將與清廷離心，合力起事，此爲必有之舉。」〔註41〕

吳被刺後，部下未潰散者 3000 人，公推參謀王勇公爲統領，將與藍天蔚聯合作北伐軍前鋒。其兵隊共有 7000 人，駐紮山西境內，軍餉由武昌認撥，另 3000 人歸入太原民軍。〔註42〕清軍 12 協統領周符麟認爲吳祿貞截獲軍用物資被山西民軍劫走，於 9 日電軍諮府、陸軍部大臣，「所有前存糧餉子彈，並未丟失，惟吳撫所截留軍火軍米，均被革匪劫去赴晉。」〔註43〕事實上，山西民軍沒有得到物資，反因缺乏軍火，退出娘子關，段芝貴率兵 3000 進駐其地。石家莊自段芝貴攻陷後，民軍連日自太原調軍士 1 萬餘人攻打，復奪石家莊，致使段軍潰退，光復正定府，黃河橋被拆毀，清軍後路斷絕。民軍再次進抵石家莊，段祺瑞聞訊後電京告急。〔註44〕

14 日，清政府命張錫鑾補授山西巡撫。因戰事擾亂，張未能如期赴晉上任。袁世凱令太原府鐵路石家莊地方駐紮清軍 6000 調往迎敵山西民軍。〔註45〕駐於京津中間落垡之清軍被調往保定府和石家莊，擬取道張家口攻大同府，以襲民軍後路。〔註46〕閻錫山當即派出軍士 2000 餘名把守雁門關，23日與武威左軍在雁門關故城、陽明堡等處開戰。〔註47〕29 日，山西敢死隊 200 餘名在石家莊與清軍激戰 4 小時，民軍獲勝。〔註48〕清政府電飭大同鎮總兵速調綏城兵丁四營克復山西，〔註49〕派禁衛軍兩營赴張家口襲擊大同。

〔註41〕《申報》1911 年 11 月 6、9、11、10 日，第 1 張第 6、3、5、3 版。
〔註42〕《申報》1911 年 11 月 14、16、13 日，第 1 張第 3 版。
〔註43〕《中華民國史檔案資料彙編》（第一輯），第 198 頁。
〔註44〕《申報》1911 年 11 月 12、13、20 日，第 1 張第 4、3 版。
〔註45〕《申報》1911 年 11 月 25 日，第 1 張第 3 版。
〔註46〕《申報》1911 年 12 月 5 日，第 1 張第 4 版。
〔註47〕《申報》1911 年 12 月 7 日，第 1 張後幅第 4 版。
〔註48〕《申報》1911 年 12 月 1 日，第 1 張第 2 版。
〔註49〕《申報》1911 年 11 月 26 日，第 1 張第 3 版。

〔註 50〕然此時大同已岌岌可危。28 日，民軍續桐溪、弓富魁等在太原光復後，續任忻代寧公團團長，令弓招兵原平，以圖北伐。〔註 51〕弓在崞縣集合 2000 餘人，至當日於崞縣誓師，向北發展，光復繁峙、應州、懷仁後，馳援大同民軍。〔註 52〕大同府於 12 月 1 日失守，駐雁門清軍覺得大勢已去，知府以下各官大多逃命。大同光復後，代州、寧武也相繼歸順民軍。於是，大同也仿照太原成立軍政分府，舉李德懋爲都督。大同府獨立後，民軍直逼張家口。〔註 53〕

歸綏得知太原、大同相繼獨立，歸化新軍也有所舉動，綏遠城後路統領周維藩率領全營起義。民軍乘機由大同府東下，進佔張家口至綏遠城各地，綏遠將軍堃岫不知下落，歸化城等處亦聞風響應，宣化府也很緊張。〔註 54〕至此，山西各地通過「督撫革命」〔註 55〕獲得獨立。

第二節　軍紳政權在山西的建立

一、秩序重構中各方勢力的博弈

在山西各地先後取得獨立之際，全國革命形勢卻發生逆轉。袁世凱擔任內閣總理大臣後，派代表劉承恩與黎元洪代表孫發緒在漢口俄領署談判「議和」，未達成協議，但和議行動已開始進行。11 月 22 日，俄領敖康夫提議雙方先罷兵，再議和。26 日，袁會見英公使朱爾典，請出任調停，表示願與武漢達成停戰協定。朱爾典即電令駐漢總領事葛福，將此意轉告黎元洪。黎派

〔註 50〕　《申報》1911 年 12 月 1 日，第 1 張第 2 版。
〔註 51〕　《辛亥革命回憶錄》（第六集），中華書局 1963 年，第 178 頁。
〔註 52〕　《民國閻伯川先生錫山年譜長編初稿》（一），第 56 頁。
〔註 53〕　《申報》1911 年 12 月 11、5 日，第 1 張後幅第 4 版、第 1 張第 3 版。
〔註 54〕　《申報》1911 年 12 月 7、15 日，第 1 張後幅第 2 版、第 1 張第 6 版。
〔註 55〕　「督撫革命」之說，幾與清季反滿革命運動爲同時，是當時一些革命者欲借滿清漢人的地方總督、巡撫或握有軍政權的大臣之力，以謀推翻清廷，建立共和。辛亥革命即爲「督撫革命」的運用。「民國以後，雖無督撫之官名，但地方軍政大員如都督、將軍、督軍等軍閥，以及 20 世紀 30 年代南京國民政府時期的司令、省主席等，仍不斷發生『革命』事件，與辛亥時期的『督撫革命』在性質上，並無差異。可名之曰『督撫式的革命』」。參見蔣永敬、莊淑紅：《「督撫革命」與「督撫式的革命」》，（上海）《近代中國》（第十八輯）2008 年 7 月。

外交次長王正廷訪駐漢美總領事顧臨，請其斡旋停戰 3 日，並願接受「建立君主政體」與「官軍議和」，如遭拒絕，「即無條件讓出武昌城」。〔註56〕但閻錫山對議和不予贊同，電函黎元洪迅速北伐。〔註57〕

　　閻錫山北伐建議，未被黎元洪採納，結果山西民軍得不到外援，在北方處於孤立境地。袁世凱首對山西民軍安撫，與其議和，清軍統領段芝貴將民軍要求報告清政府，即民軍需清政府准其留守太原府鐵路，答應不再阻撓京漢鐵路交通，但袁未答應民軍條件，反而想借軍事威脅民軍。段芝貴受袁命由京赴晉答覆時稱「如民軍不從袁議，則即將開戰」。另袁還密電山東孫寶琦勸告山西民軍受撫議和。在南軍北伐無望的情況下，閻錫山派晉省資政院議員謁見袁世凱，詳陳要求改革意見，也未被袁採納，袁要求閻在 3 日內率眾投降，逾期則對其剿滅。〔註58〕截至 11 月 30 日，距石家莊 20 餘里之山西民軍仍與清軍交戰，清軍到處淫掠慘殺。不久被民軍戰敗，正太鐵路三分之二落入民軍之手，吳祿貞在石家莊截留機關槍 8 支、子彈 100 萬發也被民軍全數襲獲。鑒於民軍實力，晉撫張錫鑾只好電告清政府「民軍布置甚密，攻擊維艱」。於是清政府密令姜桂題分兩路進兵，一路由正太攻娘子關，一路抄大同由後路兼進。〔註59〕

　　張錫鑾親帶毅軍 6 營由京張鐵路繞山西之背，直攻太原，與防守石家莊陸軍前後夾擊，企圖剿滅民軍。令清軍未料及地是民軍據守雁門關，憑關險要，毅軍難以獲勝。〔註60〕清軍加派兵 1 萬，帶大炮 8 尊直攻娘子關，表面上與武漢方面議和，議定雙方在議和期內停戰，暗中卻派兵攻打山西。對此，中華民國軍政府外交總長伍廷芳特電袁世凱，詰問清軍不應於停戰期內進攻山西，袁稱「先因晉省民軍襲擊清軍，故派兵拒敵，繼又因該處匪黨橫行乃進兵攻之」。〔註61〕12 月 8 日，清軍由石家莊開往井陘，突來民軍 500 百多人乘夜襲擊，雙方激戰兩小時，民軍受傷數人被清軍刺死，民軍退守乏驢嶺。9 日，清軍由井陘至蔡家莊安置炮位，欲攻乏驢嶺，突由嶺上跑下民軍

〔註56〕韓信夫、姜克文：《中華民國大事記》（一），中國文史出版社 1997 年，第 163、164、165 頁。

〔註57〕《申報》1911 年 12 月 22 日，第 1 張後幅第 2 版。

〔註58〕《申報》1911 年 11 月 28、29、30 日，第 1 張第 3 版。

〔註59〕《申報》1911 年 12 月 2、4 日，第 1 張第 3 版。

〔註60〕《申報》1911 年 12 月 16 日，第 1 張第 5 版。

〔註61〕《申報》1911 年 12 月 18、19 日，第 1 張 6、3 版。

10 多名，將炮搶去，兩軍開槍互擊，清軍大炮未被搶走。10 日，清軍見乏驢嶺兵勢甚厚，頗難奪取，即由嶺北繞道西上至雪花山，民軍伏兵四起，兩軍交戰，民軍遭小挫，被虜 20 餘人。12 日，清軍將領曹錕、盧永祥與吳佩孚率部，先占乏驢嶺，在嶺頂架大炮直向娘子關連擊 7 炮，民軍寡不敵眾，棄關退至陽泉，清兵進據娘子關，奪獲民軍大炮 4 尊和稻米 800 袋，其餘民間財物亦被清軍劫掠一空。後清軍欲從下關西攻平定州，經段芝貴喝阻，決定據守娘子關，與民軍各守界限。〔註62〕

袁世凱得知清軍獲娘子關，派軍隊向太原進發，進抵壽陽縣，民軍約 2000 由閻錫山統帶退駐太谷縣南，擬與陝西民軍聯合。清軍佔據正太路後，張錫鑾於 12 月 20 日由京起程赴任。〔註63〕由於形勢變化對晉軍政府不利，軍政府士紳代表李素等急向全國告急，聲討袁世凱與北軍不守議和條款行徑，暗中攻取山西。〔註64〕前駐山西娘子關毅軍陸續開回豐臺，由京奉鐵路運往灤州。而山西退守民軍則與陝西民軍聯合，約 1 萬餘人向河南進發，清軍退走澠池。鑑於北方民軍力量日益壯大，清軍違約繼續攻打民軍。姜桂題於 1912 年 1 月 11 日統率原駐黃河以北清軍，計汴軍 5000 人、漢口退回之兵 1 萬人與清河縣派往南方之第 1 鎮陸軍約 1 萬 1 千人，向道清鐵路進發，往河南抵抗秦晉會合民軍。〔註65〕這樣，山西再次陷入戰火，地方政治亦呈一片混亂。

太原被清軍奪取，山西軍政分府暫告結束，從而使晉省自兵變以來建立的政治秩序動搖，政治再次失序，導致各方勢力在這一失範秩序中利益博弈。軍政府某些權貴借機大發橫財，商人富戶則轉移財產。閻錫山率兵南下駐紮平陽府，各部辦事人員大半隨從軍隊，惟梁善濟等人搜括各處財款，暗入私囊，並與清臬司李盛鐸會銜出示安民。各商民獲悉清軍將至，擔心重演漢口慘禍，相率遷往平陽府求閻保護。不數日間，省城內外 50 里以內住戶、商店十室九空。閻見百姓來歸，妥為安插，以期不使一人失所。而省城候補人員則希望清新撫到任，能得差委，故尚且安然不動。

另有某些清朝舊吏以為軍政府既倒，清政權有復燃之機，便蠢蠢欲動。如河東道余某因軍政府曾責其負固不服，欲開其缺，該道謝罪投誠，軍政府

〔註62〕《申報》1911 年 12 月 25 日，第 1 張後幅第 3 版。
〔註63〕《申報》1911 年 12 月 16、19、21 日，第 1 張 3、4、3 版。
〔註64〕《申報》1911 年 12 月 27 日，第 1 張第 2 版。
〔註65〕《申報》1912 年 1 月 9、10、11、12 日，第 1 張第 3、2、3 版。

仍令鎮守河東。他見軍政府移駐平陽，認爲山西已被清軍所奪，派兵 200 餘人赴隰口，堵截民軍，令各縣大殺民黨，見無辯者不問一言即予斬首，冤死者不可勝計。閻錫山聽後大怒，派兵一營赴隰口與余部兵士接戰，余部死數 10 人，其它兵士潰散。閻隨即傳令續派炮兵數隊向河東進攻，余聞之大懼，急派人到平陽請罪，謂「隰口之兵係爲彈壓土匪保護行旅而設，並無別意，請毋誤會」。

民眾暴動亦乘機興起，土匪活動猖獗。太原府自被清軍竊據，因勒捐肇變以致土匪蔓延，澤州府高平縣民抗捐聚眾，將城內外各學堂、辦理學堂與捐款各紳士家燒毀一空，遭難者約 100 餘家，燒死婦女 10 餘人，縣令無法應付，出示免去一切增加稅釐捐項。至 12 月 17 日，土匪始漸退去，各縣卻大受影響。潞安各屬民眾亦漸起事，長治縣南鄉發傳單聚眾入城，縣令意欲和解，出免捐告示，但民眾聚眾不散，欲入城剿毀學堂、紳家而後止。〔註 66〕社會控制失範，多股勢力崛起。

佔據太原府的清軍一面聯合清政府官吏與立憲黨人，著手恢復山西昔日政治秩序，一面打擊民軍勢力、支持太原光復的士紳階層和趨新者，燒殺搶掠無所不至，其行爲較土匪更甚。據報稱，清軍未到山西前一夜，有兵士 13 名突往新城村，讓村人王小三作線人到富翁馬宅，聲稱搜尋革命黨，辱打 79 歲老翁，勒洋 1000 元。隨後到張營村梁宅，搶劫後焚燒傢具衣物，接著搶永壁村周姓油店，該店主控之，縣官則云「誰使爾之多財也」，店主有冤無處訴，只得忍氣吞聲而回。自民軍離省，滿人也大肆騷擾，遷怒學生，毀學校數處，幸而李盛鐸出面彈壓，居民未受十分荼毒。然滿人卻欣欣得意以爲又可實現其陸官發財之志，奔走謀差者比比皆是。

秩序重構中，權益較量最爲顯著的是立憲派、擁滿派與民軍派的博弈。立憲派梁善濟與官紳李盛鐸見軍政府既倒，南北雙方在議和，便與清軍聯絡，通過各種手段將清軍引入太原，以恢復清政權地方秩序，擴大他們的權力與利益。民軍南下後，李盛鐸反漢日興，梁善濟籌劃投降清軍，貼出安民告示，「新撫不久即來，官兵亦不久將至，以冀恫嚇晉人，使不再存恢復之志」。不料清軍因違約難以進兵，暫駐井陘不動，李盛鐸久等清軍不至，擔心閻錫山引兵再來，於是捏造一種謠言，讓梁善濟等在外傳佈，「有義和團多名現已進

〔註 66〕《申報》1912 年 1 月 15 日，第 1 張後幅第 2 版、第 2 張第 6 版。

城，不日將焚燒教堂，殺害外人以報昔日毓賢被逮之仇」。太原的意大利人聞之十分恐慌，請李盛鐸設法保護，李答「非速召官兵來此不可」，「果不二日而清兵即來」。據京報稱，此係意公使函致袁世凱，謂「太原有土匪千人揚言欲傷害外人生命財產，請急派兵保護」。袁據函電達南京政府，旋即派兵進駐太原。〔註67〕

受清政權遺留勢力與立憲派聯合打壓，閻錫山率兵南下先駐平陽府，後又進駐河東。當時省南各州縣因省垣無軍政府，人心慌亂，閻聚集幕中諸人與地方紳士，共同集議擬在河東組織一臨時軍政府，作為行政統一機關，眾人均表贊成。民軍將河東道署作為臨時軍政府，一切組織悉如舊規，傳檄各州縣一體均照，宣告臨時軍政府成立。後閻又聚眾會議，認為太原雖失，但省北大同一帶尚被民軍駐守，〔註68〕擔心力孤不能久為支持或被清軍襲取，提議由他前往維持，待停戰期滿，南北夾攻太原，並建議暫舉一人為臨時都督，以便布置一切。眾人初始不同意，經閻再三陳說，「大同一路萬不可棄，鄙人所以必欲自往者，蓋鑒於娘子關之敗，恐他人不能十分可靠也。」眾人領悟其意後，即日開會公舉溫壽泉為臨時都督。閻即帶兵士 2 人扮作商人模樣，潛向北路而去，將大同民軍與他處民軍收合一處，約 2000 餘人移駐包頭鎮，每日勤加訓練，待和議決裂時，約南路溫壽泉夾攻太原。

閻錫山到包頭後，清政府歸化將軍特派譚榮發率步隊 1 標、炮隊 1 營進攻包頭。閻軍探悉，派第 4 標統帶王家駒率步隊和炮隊 1 營防堵，兩軍於薩拉齊西 30 里之某村開戰，大戰數時，突從東面來義勇馬隊數百剿譚軍後路，清軍敗退。民軍擊敗清軍後，薩拉齊統制呼延庚與鎮紳鋪戶出城迎接民軍，民軍秋毫無犯，閻錫山聲威大振。當時全軍會議皆謂「清軍不守信約，攻入娘子關，今又攻襲包頭，我等誓取歸綏以雪前恨，於是飛稟都督，請期誓師。」閻向各軍宣告「殘害同胞，大傷人道，彼不守約，其曲在彼，自有公評，且有我臨時政府停戰信約，不可不守，只好按兵包薩以聽大局，若和議決裂，便可直搗幽京，此本都督之志也。現已與歸化移文相約，各聽政府命令，勿相攻擊，余復恐其不信，又派馬龍章君前往宣示，以不戰之理由請諸

〔註67〕《申報》1912 年 1 月 19 日、23 日、24 日，第 2 張第 6 版、第 1 張第 3 版、第 2 張第 6 版。
〔註68〕大同當時已經失守，筆者推測閻錫山等不知大同失守，可能是由於戰爭時期交通信息中斷所致。

君蓄銳，待時聽余後命。」閻錫山在武力對抗清軍的同時，又筆伐立憲黨人與擁滿派，在《晉軍政府失敗原因》分析中，提及軍政府失敗與清政府官紳和立憲黨人梁善濟等人有密切關係，痛斥其在民軍遭挫折時落井下石，與清軍合作反對山西軍政分府，希望南京政府認可流亡軍政府爲晉省合法政府，請求其對梁善濟等人在晉省維持政府不予承認。〔註69〕

　　娘子關失守後，大同府也被清軍奪取。清軍進據大同府時未與民軍發生武裝衝突。原因是當地士紳從中斡旋，勸導民軍，和平退出大同，以保民生。大同府自被民軍佔領，清軍於停戰期內，違約進攻並圍城多日，未能破城。他們以爲太原既陷，大同後路無援，城中糧食雖足3月，但一切燃料已用盡，城外煤柴又不能運入，居民只能用破屋敗木析作灶料，引致貧民無以舉火多有投井自盡者。民軍統領弓富魁不忍生民塗炭，接受紳士杜少華及清太原縣光熙二人調停，先令清軍都統昆某及陳、楊兩統領退兵30里，杜、光二人於1912年1月15日下午入城，勸弓先將民兵設法繳械遣散。弓提出條件「須發給餉銀一萬二千兩始能遣散，其有願降清軍或歸民軍或願歸農者均聽其便，不得截殺」。昆等允諾一一照辦，杜、光二人復入城告知。隨後，大同西門於16日早開城，派兵把守，先由居民出城避難，然後民軍退出。〔註70〕弓富魁率部下1000人返回家鄉原平。大同和平秩序的出現，是環境逼迫軍、紳由較量走向合作，暫時恢復了清政權的控政秩序。

　　清軍防營橫暴行爲，激起山西籍省外士紳的強烈不滿與抗議。加之全國「共和」聲浪日趨高漲，〔註71〕更促使他們呼吁南北政府節制清軍在晉暴行。山西官紳代表狄樓海以「共和」大局日見有望，而晉人獨受荼毒，特上書民國外交總代表伍廷芳，請電函袁世凱撤回張錫鑾，建議地方秩序由李木齋維持。〔註72〕可見，在晉省多變不穩政局中，清軍、立憲黨、擁滿派與民軍進行著不同方式的博弈，試圖建構利於自身的政治秩序，博弈結果雖未能分出勝負，穩定秩序也未建立，但軍——紳合作趨向已很明朗，合作步伐也在加快。

〔註69〕《申報》1912年2月5、22、7日，第2張第6版。
〔註70〕《申報》1912年1月26日，第2張第6版。
〔註71〕《申報》1912年2月13、6日，第2張第6版、第1張第3版。
〔註72〕《申報》1912年2月11日，第2張第6版。

二、政權創建中武人強勢之邏輯表達

1911 年 12 月 29 日，17 省代表在南京選舉臨時大總統，孫中山當選。與會山西士紳代表爲景耀月、李素、劉懋賞。〔註 73〕隨後，南北雙方以逼清帝退位、共舉袁世凱爲臨時大總統爲條件，在滬舉行第 3 次議和會議，達成召開國民會議、公決國體，及山西、陝西、湖北、安徽、江蘇等地清軍在 5 日內撤離原駐地百里以外等協議。「共和」體制以「非袁世凱促成清帝退位莫屬」成爲定論後，1912 年 1 月 28 日，晉撫張錫鑾首爲袁世凱逼宮，率軍政大員奏陳解決時局辦法 10 條，主張裕隆太后退居頤和園或「北狩」熱河；速在天津組織臨時政府。張之行爲激起清皇族不滿。2 月 1 日，清政府任命山西布政使李盛鐸署山西巡撫，原巡撫張錫鑾即日交卸，迅赴奉天會辦防務。這一人事變動表明，清政府意想山西仍由擁滿派掌控。2 月 4 日，伍廷芳電袁請共謀和平，解決山西清、民兩軍衝突。雙方商定停戰 12 信條。至是月下旬，山西戰事平息。隨之，晉省產生了以「共和」爲導向的政治環境。據晉函云「省南民軍已與平陽官軍定停戰條約，河東民政長王理臣君亦與河南毅軍聯盟以息戰禍，毅軍已退回原駐地點，省南一帶安靜如常，即省北歸化亦無戰爭情事。日前解君子仁，謁李撫木齋時，極言共和詔下，官軍應退出省垣，以免再有衝突，南北民軍可聯合一致，共籌大局，李撫極爲贊成，已派人到河東，並令河東代表到省商議善後事宜，省北閻都督亦派人到忻州與杜君上化接洽，現在官紳極爲相得。」〔註 74〕

2 月 14 日，孫中山至南京臨時參議院辭臨時大總統，推薦袁世凱繼任，參議院接受，決定於次日選舉臨時大總統，並議決在新總統未蒞任前，孫暫不解職。閻錫山覺得孫中山爲實現「共和」目標，反而對袁世凱做出讓步，於是他也放棄當初與南軍共同北伐設想，開始變得迎合時勢，於 1912 年 2 月 23 日致電南北政要，表示擁護共和，謂：

> 錫山提師北伐，遵和罷征，本擬就地駐屯相繼而動，旋接太原
> 諮議局及李盛鐸累次函電，並專員馬龍章前後面陳促令南返，得知
> 和平可期解決，毋庸力征經營，遂決意班師南旋，刻抵忻郡，果聞

〔註 73〕 景耀月是清進士，東京加入同盟會，在山西光復時，被派爲軍政府代表，赴南京任教育部次長，參議員。李素在山西光復時爲軍政府代表，赴南京任眾議員。劉懋賞是清舉人，東京加入同盟會，山西光復時爲軍政府代表，赴南京任參議員。參見《民國閻伯川先生錫山年譜長編初稿》（一），第 70 頁。

〔註 74〕 《申報》1912 年 3 月 3 日，第 2 張第 6 版。

> 清帝退位宣佈共和，南北統一，中外歡臚，臨時政府基礎益固，非
> 諸公同心戮力之功，報館鼓吹提倡之力，曷克臻此，從茲四百兆同
> 胞脫離專制，一躍而生息於共和政體之下，實受其賜。〔註75〕

擁護共和電發出後，閻錫山帶民軍 7000 人由包頭移駐歸化。李盛鐸見清政權大勢已去，未敢當即就任都督，經和谷如墉商議，認爲張錫鑾去任，太原秩序無人主持，特派張叔琳等 3 人星夜馳赴歸化，請閻迅速回省，統一南北，重行建設軍政府，以接管各項軍政和民政。閻錫山特派專人到省答覆，表示不久當即東旋。當閻抵達五臺山時，僧人極表歡迎，願助餉銀 10000 兩。僧人法雲和瑞雲前因在包頭起義失敗，歸五臺山休養兵力，忽聞閻來，表示願投閻部下作前敵先鋒，隨閻同回太原。〔註76〕然而，當閻抵達忻州時，卻接袁世凱「不准前進，聽候指示，如違令擅動，即以軍法從事」電令，同時亦接段祺瑞囑他在忻州小住電文，閻只好暫住忻州。〔註77〕袁世凱爲什麼對閻這樣做？究其緣由是閻屬同盟會員，如繼任山西都督，仍會以民軍勢力對袁構成威脅。另一因素是由於閻錫山聲威在晉省大振，深得新舊勢力擁戴。爲免除後患，袁欲在山西安插前清官吏建構秩序，故致電閻取消軍政府。對於袁撤銷閻錫山軍政府的行徑，旅滬寧山西同鄉士紳站在閻一邊，向全國發出通電斥責袁，要求袁政府維持閻督晉事實。〔註78〕

對於袁世凱撤換閻錫山任山西都督一事，孫中山等也持異議，他們支持閻繼任山西都督。但此時的閻卻對袁世凱表現出一種恭順，表示願辭晉省都督，並將其意電函孫中山等人，「山才力綿薄，執革鞭力無一成，汗顏曷？極幸賴全國上下戮力一心，民國統一，共和目的完全達到，余願已足，夫復何求？況破壞局終建設，方始自顧駑駘，實非其才。刻已電懇晉民公會及諮議局另選賢能來忻接替，一俟繼任得人，山即解除兵柄，長揖歸田，與四百兆同胞共享自由幸福。」〔註79〕

針對晉省都督與巡撫之爭，孫中山特委任狄樓海爲山西宣慰使，赴晉調

〔註75〕《申報》1912 年 2 月 23 日，第 1 張第 2 版。
〔註76〕《申報》1912 年 2 月 23 日，第 2 張第 6 版。
〔註77〕曾華璧：《民初時期的閻錫山──民國元年至十六年》，臺灣大學出版委員會 1981 年，第 10 頁。
〔註78〕《申報》1912 年 2 月 27 日，第 1 張第 2 版。
〔註79〕《申報》1912 年 3 月 4 日，第 1 張第 2 版。

和都督、巡撫政爭。〔註80〕狄向閻錫山、李盛鐸等發出函電籌商七事：（一）公懇閻都督顧全大局，力任其難，毋固言辭職；（二）安插未撤駐兵，取消河東軍政分府，以定統一機關；（三）消滅諮議局，取簡單方法，組織臨時省議會，作為民意機關；（四）分撥兵械於各地方，以資鎮懾；（五）調和舊日意見，急收各屬人望，以期一致進行；（六）確定地方官吏，免致觀望，以期政令易行；（七）速設演講團，以期共和知識，普遍人民。〔註81〕樓氏所提 7 項中第 1 項，即支持閻繼任都督，然後再與立憲黨人解決其它事宜。然而，同盟會員在支持閻的同時，閻卻懾於袁在北方威權，開始承認袁在新秩序建構中的權威。在南北定都之爭中，閻支持袁的態度非常明顯，他領攜山西各官、紳，特電函南北各政要，支持袁定都北京。其電曰：

> 蓋以形勝論，以事實論，以經濟論，目前自無捨北就南之理，
> 既眾議僉同亟應早日議決，以副國民之望。倘爭持不已，既失南京
> 參議院之信用，而於共和本旨亦恐非宜，政府創建經緯萬端，似不
> 宜以畛域之見，再起衝突，伏望擇美而從，早日決定，不勝盼禱。
> 閻錫山、李盛鐸、許世英、駱成驤、林君、王大貞、周渤、王克儉、
> 梁善濟、劉篤敬、杜上化、谷如墉等。〔註82〕

從閻錫山以上兩電文看，前一電表明他要辭職，後一電是他支持袁世凱定都北京，反對孫中山等定都南京主張。由此發現閻錫山態度明顯不同，然試想他身為同盟會員此時何以會「唯袁馬首是瞻」呢？其原因有可能是閻出於大局安危考慮，亦或另有其它盤算。如從閻錫山政治思想看，對他傾向於袁的行為就不難理解。閻以為「認識了需要可以謀國，把握住現實可以為政。」〔註83〕這一思想雖在此後 25 年後才總結出，但至少能夠說明閻在早些年已在此信條指導下實踐他的政治意識。故閻遵袁命、支持袁的做法，說明他其時較為認可袁的強勢。而他的這一做法又是歷史上政治失序時大多政要承認武人強勢邏輯表達的一般化而已。

　　如再從晉省支持定都北京電文後署名觀察，閻錫山居第一位，其它官、紳陪襯於後，這進一步說明晉省其它官、紳也同樣已意識到晉省新秩序建構中武人強勢的事實及其重要性。因此，包括袁任命的山西巡撫李盛鐸亦向閻

〔註80〕《申報》1912 年 3 月 3 日，第 1 張第 1 版。
〔註81〕《民國閻伯川先生錫山年譜長編初稿》（一），第 90 頁。
〔註82〕《申報》1912 年 2 月 29 日，第 1 張第 2 版。
〔註83〕《閻錫山日記》1937 年 8 月 14 日，手抄本，年代不詳，藏於山西省檔案館。

輸誠，前文曾提及李擁護閻督晉。此次李盛鐸與其它官紳在支持定都北京電中署名於閻後，表明閻在構建山西新政治秩序中已居主導地位。另外，閻錫山的強勢在隨後袁世凱政府對他的任命中也得到了證實，即袁總統命令「東南各省長官均稱都督，現在全國統一職官尚未確定，自應先行改歸一律，以一觀聽。所有東三省總督改爲東三省都督，直隸總督改爲直隸都督，陝甘總督改爲甘肅都督，其河南、山東、吉林、黑龍江、山西等巡撫亦均改爲都督。惟官名雖更，職權仍舊，所有各省文武屬官照舊供職，官制營置概不更動，其應行之政務，應司之職掌，仍當繼續進行。」「3月16日又令委任閻錫山爲山西都督，專管全省軍事，委任李盛鐸爲山西民政長專管全省民政，迅即會商分立權限，呈報候令。」〔註84〕

當閻錫山在忻州得到北京政府任命時，晉人已在迫不及待地等他返回太原。時有「閻都督錫山自抵忻州後，人民盼望其來日甚一日，現袁大總統已命閻爲都督並撤退駐晉軍隊。俾閻得以返省整理一切，省城各界莫不欣幸，刻正預備一切並擬郊迎十里以表歡忱。」〔註85〕4月2日，晉民團總局局長爲歡迎閻返回太原，特令各住戶、商號皆製五色國旗，商號以長3尺寬2尺4寸爲度，住戶以長2尺寬1尺8寸爲度，均按紅、黃、藍、白、黑平行作之，以使一律。4日，閻返回太原，晉垣各界及天主、耶穌、清眞三教會各選代表於北門處五里堡設郊勞亭整隊排立，到者約1萬人，都督蒞臨會推士紳總代表荊大覺、劉靜源爲民國郊勞使，偕各界代表與閻接洽，由儐相劉靜源宣讀民國慰勞詞，孔庚（雯掀）宣讀都督答詞。後由閻答禮，將吏亦皆與郊勞團周旋盡禮，郊勞禮畢，隨即整隊入城，駐原巡撫署中，當即視事，民心大安。〔註86〕山西官、紳與民眾精心準備隆重的歡迎典禮，象徵著閻的權威在晉省已有所凸顯，民眾已將其塑造爲「革命」功臣形象，表達對他督晉之認可。

三、閻錫山個人權威的塑造

閻錫山出任山西都督後，省府權力核心層〔註87〕隨之發生變化，這一變

〔註84〕《申報》1912年3月18日，第1張第2版。
〔註85〕《申報》1912年3月24日，第2張第6版。
〔註86〕《申報》1912年4月3、19日，第2張第6版。
〔註87〕民國元年山西軍政各負責人爲：都督閻錫山，民政長李盛鐸，軍政司長溫壽泉，民政司長谷如墉，財政司長張瑞璣，司法司長張錦訓，教育司長解子仁，

化是朝著利於閻控制山西政局方向發展的。首先，晉省具有憲政特色的民意機關爲閻的幕僚掌控。山西省議會於 4 月 13 日成立，取代了諮議局與國民公會兩機關，〔註 88〕官紳杜上化任臨時議長。杜氏在太原光復後曾爲閻錫山智囊團成員之一，爲閻出謀劃策，深得閻信任。時文曾評價：「軍政府自閻都督以下贊襄機要，及分任各科職務者均一時人望，而總參議杜上化老謀深算，尤爲眾所欽服。」〔註 89〕其次，太原防衛工作由閻之親信負責。15 日，周維藩任太原鎮總兵。前文已述，周曾在綏遠兵變中發揮重要作用，一直追隨閻反抗清軍。職務調整使周直接掌管了省城警衛大權。與此相反，清朝舊臣卻漸漸退出權力核心。5 月 6 日，周渤接李盛鐸任山西民政長。因李曾在晉省新秩序構建中，利用自己在士紳中的威望及其廣泛人際關係，引清兵入晉，在南北議和將成之即又與袁世凱串通，企圖創建以他爲中心的政治秩序。故閻掌管晉政後，李便成爲被打壓的對象。客觀地講，李盛鐸去職對閻錫山權力的加強不失爲一大益處。

此外，晉省秩序剛從混亂步入常態，但又很難在短時間內從戰亂情境恢復，故掌管軍政之都督的權力還是超乎民政長之上。只是平陽河東軍政分府仍存，爲統一全省軍政，閻錫山邀請臨時軍政府都督溫壽泉返回太原，以商議要事爲藉口，解除溫的大權，於 11 日任溫爲山西軍政司長。〔註 90〕不久，晉省北邊遼遠擬添設鎮撫使，閻錫山同意，並電呈袁世凱推薦溫壽泉爲晉北鎮撫使。〔註 91〕同時，閻爲拉攏追隨者的心，以獲得他們對其的忠心與支持，也意在建立以自己爲中心的權力班底，於 1913 年 5 月 2 日電呈袁世凱與國務院爲溫壽泉、趙戴文、孔庚、黃國樑與南桂馨爭取勳位，〔註 92〕以增強閻錫山集團的力量。

不到 1 月時間，閻錫山又電呈袁世凱，「陳護長鈺，任職有年，勳猷卓著，起家牧令，洞悉民情，且老成幹練，明達有爲，若實授民政事宜，允勝任愉快。惟有仰懇大總統特任陳鈺爲民政長，必能維持鎮撫，奏其所長。即

　　　實業司長王大員，高等法院院長邵修文，巡警道先爲南桂馨，後改任續桐溪。
　　　參見王振華：《閻錫山傳》，團結出版社 1998 年，第 94 頁。
〔註 88〕《申報》1912 年 4 月 27 日，第 2 張第 6 版。
〔註 89〕《申報》1911 年 12 月 7 日，第 1 張後幅第 2 版。
〔註 90〕《民國閻伯川先生錫山年譜長編初稿》（一），第 94、96 頁。
〔註 91〕《時報》1912 年 10 月 14、27 日，第 2 版。
〔註 92〕何智霖：《閻錫山檔案要電錄存》（第一冊），臺北國史館印行 2003 年，第
　　　44、45、87 頁。注：爲了便於行文方便，後文將此資料一概標注爲《閻檔》。

錫山督師北上，亦可無南顧之憂。」陳鈺爲山西繁峙縣人，清末任宣化府知府，據稱是袁世凱族人親戚。〔註93〕閻推薦陳鈺任山西民政長是別有用心的，他想借陳與袁的關係，進而獲得袁對他的更多信任與支持。

閻錫山在靠近袁的同時，卻在疏遠同盟會。二次革命再起後，閻並未響應，而畢錫山在山西倡導二次革命，被閻密令槍斃。閻稱此可「殺一儆百」，不至於晉省再有變亂。〔註94〕他這樣做的目的：一是不願犧牲自己的地位援助同盟會。因山西局勢尚未穩定，其它軍事實力派與土匪想推翻他，所以他需借助袁世凱力量，〔註95〕維繫晉省秩序。另一因素是因他不贊同國民黨激進「革命」方式，但又不願被視爲背離國民黨陣營的「叛徒」，於是，致電黎元洪，提出自己對宋案的看法及其解決途徑，主張「劃宋案於法律之內，勿任激起政治風潮，庶政府免受違法之惡名，國民不至罹危亡之慘禍。千鈞一髮，爭此危機。伏望我公決大疑，定大難，一言九鼎，眾志成城，哀我同胞，領銜速電，否則煮豆燃萁，同歸於盡。」〔註96〕閻錫山就這樣通過與晉紳合作，討好袁世凱，遠離革命黨，鎮壓地方異己力量，使山西在辛亥後形成以他爲中心的軍紳秩序。

閻錫山初步鞏固了他在督府中的權力後，便開始遏制並打擊晉省異己地方勢力的膨脹，塑造他在晉省政治秩序中的個人權威。山西河東案的發生，給閻錫山的這一想法創造了機會。他借河東〔註97〕張士秀、李鳳鳴誣陷南桂馨案做文章，排擠晉省反對他的國民黨勢力，並要求中央嚴懲張、李等人。河東案是由省督軍府與河東地方勢力爲搶爭當地財權、督軍府裁汰河東民軍而引發。河東爲山西財賦之區，每年收入 200 萬，將近占全省十分之六的財政收入。自從民軍起義後，河東地方精英張士秀、狄樓海與王用賓諸人將地方收入占爲己有，毫不接濟山西軍政府。爲了獲取河東的財富，1912 年 12 月，省督軍府派南桂馨爲河東區域籌餉局長，削弱地方財權，以謀取全省軍政財政統一。但南氏到河東後收歸財權的做法，引起張士秀等人強烈不滿。〔註98〕

〔註93〕 王振華：《閻錫山傳》，團結出版社，1898，第 93 頁。
〔註94〕 《時報》1912 年 11 月 20 日，第 2 版。
〔註95〕 《閻錫山傳記資料》（三），第 8 頁。
〔註96〕 《閻檔》（第一冊），第 27 頁。
〔註97〕 指山西運城等富庶區域。
〔註98〕 《時報》1913 年 1 月 19 日，第 3 版。

　　省府與地方產生如此大的隔閡，地方便尋找時機給省府的集權設置障礙。湊巧的是河東旅長李鳳鳴搜到山西軍務司長黃國樑致南桂馨的個人信件，信中建議南「如能平和達到目的，不惜重費，否則須犧牲私交，顧全大局」，運用省府的強權剝奪河東地方的財權。李鳳鳴以此信爲藉口將南桂馨逮捕，宣告南氏死刑，並呈請北京政府懲辦黃國樑。而袁世凱對李鳳鳴做法深爲不滿，特電河東李鳳鳴，「南有絲毫損失，即惟該旅長是問」，同時改命孔繁祉（應爲孔繁爵，筆者注）接替李鳳鳴的旅長職。李接命後拒不服從，竟致電閻錫山「不知孔下落，無從交代，不日整旅北行面商一切」，意圖兵變。袁世凱得此訊後，當即電責「該旅長北行意欲何爲？即不自愛身家，獨不愛桑梓乎？孔已於前日到京報告。」〔註99〕張士秀、李鳳鳴爲了應對袁世凱的責難，早在捕獲南桂馨後，就曾想到南爲袁任命官吏，如中央派員查辦時他們沒有證據指正，就會遭殃，於是早已捏造僞據，一面假造南桂馨煽惑軍心若干信件，又一面將籌餉局的帳簿任意改注。例如：在收入項下加上某月由觀察使署撥來款若干，並在支出項下加上某日南局長或王副局長用款若干，捏造南桂馨侵吞公款之事，製造南氏的不法行爲及其被捕的有力證據。然河東商民5000餘人卻遞呈指控張、李誣陷南桂馨。〔註100〕

　　此外，報載資料也對河東案的緣由做了一定剖析，認爲此案發生主要是因軍隊內部派系紛爭所致。據稱山西民軍原分兩派，一則爲本省革命黨人，一則由山西南邊投入者。本來閻錫山被選爲都督，民軍對他的軍政府本就不甚傾服，尤其是獄犯出身的河東觀察使張士秀對閻錫山有反抗之意，河東案事實上是張借打擊南桂馨而挑戰閻錫山。〔註101〕而與河東相抗衡的晉北地方精英，卻力挺閻錫山。1913年1月18日，忻州續選投票人全體函電稱：「河東一隅始終割據，扣留鹽款二百餘萬，據爲私有，四出運動，恃副議長與司法司在省之聯絡，劉直訓、景耀月在京報之造謠，欲推翻都督、民政長，而悉充以河東人，在京省之河東人謀之……」〔註102〕可見，河東案的問題逐漸擴展爲山西黨派鬥爭。作爲山西國民黨的河東派景耀月，較爲支持張士秀和李鳳鳴。另據《時報》「山西河東張士秀、旅長李鳳鳴倡言獨立，以公孫長子

〔註99〕《時報》1913年1月16日，第2版。
〔註100〕《時報》1913年1月21日，第3版。
〔註101〕《時報》1913年1月28日，第3版。
〔註102〕《時報》1913年1月25日，第3版。

為總司令，此實該省國民黨河東、河西兩派分裂之結果。」〔註103〕此信息再次證明山西國民黨借地域之爭而公開黨爭的現象。

對於河東地方勢力的挑釁，閻錫山決定動用武力解決。北京政府對此也有用兵的意向，命陸軍參謀兩部酌派軍隊。閻獲悉袁世凱較為支持南桂馨後，於1912年12月30日電呈袁要求嚴懲張士秀和李鳳鳴，其理由是「據探報南被非刑拷打，恐難保命，其違法橫暴，實同土匪」，報稱已派太原駐軍開往包頭一帶，請中央派步兵一團、炮兵一營來晉，並命駐汴軍隊於沿河護防。〔註104〕閻懲辦張、李的要求得到袁世凱的支持。1913年1月20日，晉、汴、陝三省接中央會剿張、李命令。〔註105〕張士秀聞訊後，則擁兵獨立自稱都督，將籌餉局長南桂馨宣判死刑。〔註106〕於是，中央急命河南統制雷振春率領河南、陝西、直隸三省兵士到山西平亂。此後，兵查辦趙倜電稱「已馳抵運城，張已將南桂馨交出」。面對山西即將發生武力衝突的嚴峻形勢，山西參議員力主調和，不贊同用兵。〔註107〕國民黨員穩健派張繼也不忍大局糜爛、國民黨互相荼毒，遂兼程赴晉力任調和。

然而，始料未及地是當陸軍部調動正定兵兩營駐紮石家莊，隨時候命閻錫山的調度而出兵，此時的閻卻忽改主意，致電山西留京軍界中人，「中央現將調兵來晉，望諸公向政府陳說，挽回此舉」。隨之，在京晉籍人士以此事詢問政府，希望將軍隊撤出石家莊，北京政府答稱「山西都督既請調兵，不能不准其所請」。〔註108〕結合前文所知，閻確實是要求中央在軍事上給予其支持，但當援兵將要入晉時，閻突然改變主意，拒絕他方軍隊踏入山西。細想閻這一前後微小的變化，可謂內心藏有深意。他一方面擔心中央政府軍再次踏入山西境內，會干涉山西政務，或進駐山西境難以退出。另一方面他為獲得晉籍紳民支持，以做出不能僅為派系之爭而將山西再次帶入戰禍的姿態，來贏得紳民好感。那麼，出於閻自身的考慮和山西紳民的訴求，對於解決河東案，閻最後做出讓步，取消武力解決的念頭，表示支持北京政府和平解決，並於4月11日覆電李烈鈞「晉案已歸中央，錫山毫無成見，惟期和平解決，

〔註103〕《時報》1913年1月15日，第3版。
〔註104〕《時報》1913年1月22日，第2版。
〔註105〕《時報》1913年1月22日，第2版。
〔註106〕《時報》1913年1月19日，第3版。
〔註107〕《時報》1913年1月25日，第2版。
〔註108〕《時報》1913年1月28日，第3版。

無礙進行。此後仍應勉策駑鈍，以維大局。」〔註109〕

河東案雖暫時得到和平解決，但餘聲仍在。張（士秀）、李（鳳鳴）等心有不甘，覆電控告籌餉局副局長，「其在局吞款販煙，並公注局帳，請飭晉督拿辦」。與此同時，國民黨黨報也公然爲河東派辯護，指斥閻錫山。〔註110〕形勢的變化，使得閻對張、李案期許和平解決的想法改變。張士秀、李鳳鳴於 2 月 7 日被解送到北京京押憲兵署，景耀月也隨之到京，閻錫山屢次電請北京政府對其嚴辦，〔註111〕控告張氏等浮冒軍餉。〔註112〕爲徹底擊敗張、李與國民黨河東派，閻錫山特派河東趙縣長搜集張、李犯罪證據，呈報中央。搜集到張、李的罪證有：

在河東時殘殺無辜，虛糜公款，具體表現是：（一）張、李、景、曹殺虞鄉王炳照。王炳照在運城賣紗燈毫無非爲，因九團某人與王同居一鄉平日有嫌，誣告王與匪通情，謠言惑眾，將王正法；（二）河東兵站科糜費過巨。辛亥起義後，因軍隊往來較多，設立兵站科，預備一切支應，但「共和」體制確立後，軍隊已各歸部位，而該科仍長年包雇 3 套大車 30 輛，無論開差與否均須給價。〔註113〕張、李二人更爲惡劣地行徑是慘殺人命、縱兵焚搶毒害地方。（一）張、李、景派兵剿滅夏縣謝莊村，任意搶劫、焚燒、荼毒人命，夏縣謝莊村富室雇有武技數人看門，夜間學藝教徒，張、李、景聽說後，誤以爲紅燈罩數人邪術傳教，即派 1 標 2 營到謝莊村，半夜開炮先將某富室財務傢具一齊搶走，全家 10 餘口只逃出 10 餘歲 1 小孩，其餘人均被殺害，房屋被焚燒。村中居民多數遭到搶劫，死傷甚眾；（二）張、李、景縱兵焚掠河津續店村民 100 餘家。1912 年 7 月間河津內聚有土匪，張、李、景認爲村民與土匪勾結，命令前游擊管帶搶劫焚毀 100 餘家，殺死者甚眾，又將該村丁姓牲口車輛搶走，留於管帶家中。當河津士紳控告到觀察使時，他們將該管帶降爲隊官，未做任何嚴屬處分。他們這樣做的結果，反而使得各縣鄉民歡迎土匪，深恨河東軍隊。〔註114〕如果張、李犯罪事實屬實，那麼，作爲維護地方治安、保障民眾安居樂業的軍隊確實禍害地方較爲嚴重，應該及早消除這

〔註109〕《閻檔》（第一冊），第 25 頁。
〔註110〕《時報》1913 年 1 月 29 日，第 2 版。
〔註111〕《時報》1913 年 2 月 11 日，第 2 版。
〔註112〕《時報》1913 年 2 月 9 日，第 3 版。
〔註113〕《時報》1913 年 3 月 29 日，第 4 版。
〔註114〕《時報》1913 年 4 月 2 日，第 5 版。

一禍患。再從民眾的生存安全角度來看，閻錫山對河東派的剷除就不能僅僅局限於狹隘的派系之爭，而更多具有爲民造福的成份在內，消除河東勢力是利於民眾基本生活的。

然而，打壓河東派，不僅僅關係到山西內部的權力洗牌，還關係到了閻錫山與支持河東派背後的國民黨的關係。張、李案進一步導致閻錫山與國民黨關係惡化，引起了以閻錫山爲首的晉人脫離國民黨之風潮，結果晉籍士紳紛紛響應閻錫山的行爲。據《時報》載，閻錫山於 2 月 8 日電京，宣佈脫離國民黨。報稱「閻錫山爲同盟會舊人，在北方百倡裁兵，又屢薦民政長，極主軍民分治，且身爲國民黨參事兼支部長，乃主張他黨亦應同時發達，張、李皆其黨人，閻力請剿辦，以是大得黨謗，向不攻擊同黨之國民黨，此次獨攻之，無完膚考致脫黨。」〔註 115〕緊隨閻其後，北京政府山西籍眾議員 28 人中除梁善濟、李慶芳爲民主黨、【劉】志詹爲共和黨外，其餘都屬國民黨，他們中 20 人脫黨。國民黨黨員谷思慎等認爲國民黨對於晉事不能秉公維持，反推波助瀾破壞晉局，實在不值信服。於是，他聯絡眾議院議員常丕濂、冀鼎鉉、唐慎徵、周克昌、【劉】清源、康佩珩、趙良辰、穆鄒、閻鴻眾、耿臻顯、張昇雲等宣告脫黨，而只有景耀月、狄樓海、劉盥訓、景定成、王國祐與張士秀、李鳳鳴關係密切，而又爲國民黨中的激進者，他們不願脫黨。另省議員 140 名中 91 人脫黨。如議員中國民黨員杜上化認爲張、李一案，國民黨不顧全大局，一味祖護張、李，黨團做事不公，遂提脫黨之議，贊成者眾多，於 14 日假勸工隊列所開脫黨大會，舉定梁萬賡、賈景德二人撰就脫黨宣言書，布告全國。〔註 116〕這種脫黨事件的發生及其擴大，說明山西官、紳對閻錫山督晉是肯定的，對閻錫山個人權威也是較爲認可的，或者也有另一種可能是閻已收買了這些人。但筆者通過行文分析較爲認同前一種事實。

閻錫山在打擊晉南國民黨勢力的同時，又借助袁世凱稱帝案引發的風波，試圖削弱晉北國民黨勢力。山西弓富魁、續西峰（即續桐溪）是晉北民軍勢力的代表，他們徒黨甚多。1913 年南方討袁，弓、續二人暗中通氣試圖

〔註115〕《時報》1913 年 2 月 9 日，第 3 版。此段材料中，多與史實有不符之處，據《閻錫山檔案要電錄存》（第一冊）反映內容，在軍民分治問題上，閻是對其極表反對的，對此後文將專有論述。然報紙卻說閻「極主軍民分治」，筆者以爲這是閻爲了迎合袁世凱，以固個人在晉省的政治地位，給時人的一種表象。

〔註116〕《時報》1913 年 2 月 23 日，第 4 版。

反袁。〔註 117〕續曾在閻的軍紳政權中擔任巡警道尹時，指責閻是一個革命反動派，企圖使用警察來推翻他，但未果，〔註 118〕遂糾集徒黨多人在薩拉齊包頭鎮一帶活動。在地理位置上，晉北邊陲各縣與綏遠壤地毗連，閻錫山深恐民軍攻入山西，於是在 1 月 13、14、15、16、17 等日派遣陸軍第 5、6、7、8 等連、馬隊、炮隊、機關隊，以及教育團、衛生隊陸續北上，擇要駐紮，剷除弓、續統領的民軍。〔註 119〕對於閻部署防兵的剿擊，弓、續二人逃往陝西米脂縣，與升允勾結。〔註 120〕

　　當綏遠潘副都統反對帝制聲明獨立時，續西峰、弓富魁等極表同情，意想藉此合力舉事，推翻閻政府。〔註 121〕這樣，續西峰、弓富魁等部再次活躍，他們避開官兵向南繞行，攻破平陸進窺大同，〔註 122〕當民軍越過歸化以北時，閻錫山急電政府派兵助剿。〔註 123〕民軍大概有 3000 人，政府續派軍隊鎮壓。〔註 124〕續桐溪率 8000 人攻破懷仁，進取大同。〔註 125〕當山西民軍抵達陽高縣附近村中時，政府在張家口、大同府、豐城派兵會剿，派騎兵 500、步兵 2500 前往迎擊。〔註 126〕但晉北民軍聲勢大振，沿途歸附者日輒數千人，兵分兩支，一支趨大同進抵城下，另一支由張家口直搗北京，袁軍大多南下無兵可調遣，致使直隸全省異常恐慌。〔註 127〕後北京政府只好電飭直、晉兩省速派軍隊赴大同，剿滅山西北境民軍，以免延及他處。〔註 128〕結果民軍難以抵抗直、晉軍隊聯合攻擊，最後失利，續西峰被驅逐出境，民軍雖受到削弱，然尚有保存。隨著全國反帝聲浪逐漸走向高漲，多個省份紛紛獨立，這時的政治局勢決定了閻錫山已不能僅憑自己的政治強勢繼續削弱民軍，應該更多得考慮自己與帝制的關係。於是，閻放鬆對民軍的進攻，轉向與帝制周旋，表明自己反對帝制的心跡，獲得晉省民眾對其的督晉認同。

〔註 117〕《民國日報》1916 年 1 月 29 日，第 2 張第 8 版。

〔註 118〕《閻錫山研究——一個美國人筆下的閻錫山》（中譯本），第 15 頁。

〔註 119〕《民國日報》1916 年 1 月 23 日，第 2 張第 6 版。

〔註 120〕《民國用報》1916 年 1 月 29 日，第 2 張第 8 版。

〔註 121〕《民國日報》1916 年 1 月 23 日，第 2 張第 6 版。

〔註 122〕《民國日報》1916 年 1 月 26 日，第 1 張第 3 版。

〔註 123〕《民國日報》1916 年 1 月 26 日，第 1 張第 3 版。

〔註 124〕《民國日報》1916 年 1 月 28 日，第 1 張第 3 版。

〔註 125〕《民國日報》1916 年 2 月 1 日，第 1 張第 1 版。

〔註 126〕《民國日報》1916 年 2 月 6 日，第 1 張第 3 版。

〔註 127〕《民國日報》1916 年 2 月 6 日，第 1 張第 2 版。

〔註 128〕《民國日報》1916 年 2 月 6 日，第 1 張第 3 版。

小　結

　　受武昌等地起義影響，山西同樣以兵變方式在「旦夕」之間使太原光復。然值得注意地是山西新舊政權的更替方式，與武昌起義有許多相似之處，最明顯地是通過「督撫革命」結束清王朝政治秩序，而且在顛覆政權時非真正「革命者」發揮重要作用。誠如周錫瑞所言「1911 年，雖然新軍在許多省內——特別是江西、陝西、山西、雲南、廣西和福建——在領導方面起了關鍵作用，但是，在每一情況下，領導人只是少數軍官，經常是那些在日本受過訓練的新的軍事上流階層成員，而不是革命政黨和在士兵行列中的根本力量。」〔註129〕周氏論斷正好印證了筆者的疑惑，即根據現有資料可斷定閻錫山是辛亥革命在山西的參與者，但他是否為太原兵變的首義者是值得懷疑的。據閻回憶，他受同盟會之命潛伏山西，運動新軍，等待孫中山在南方掀起革命，以配合南軍北伐。〔註130〕然而，這只是他的一面之詞，卻得不到其它史料佐證，本文只能證明閻在辛亥之際開始了大膽地反對清統治，並承擔了反滿領軍人物的責任。

　　「督撫革命」暫時結束清政權在山西的統治，由此晉人不得不面對的是新秩序的構建問題。當時軍界要人與官、紳、商人結合，通過「督撫革命」，顛覆舊政權，建立山西軍政分府，作為「革命」臨時指揮中心，進而建構一種新政治秩序。在由帝制向「共和」轉變過程中，各方勢力進行權力與利益的博弈。山西新政治秩序的建構對這種轉型期的社會特徵做了充分書寫。如秩序重構中，官、紳、商人與民軍關係微妙，由合作走向分離然後又走向合作。當清軍試圖恢復清政府昔日地方秩序時，擁滿勢力則將清軍引入山西，而山西某些官、紳則觀望形勢，以為清政權會再次崛起。於是，勾結清軍與民軍鬥爭，試圖建構由他們主導的山西秩序，甚或之前同情革命紳士的態度也忽左忽右，宣佈了獨立的紳士又掛起龍旗，表示擁護清政府。〔註131〕此種現象正是「督撫革命」結果的一種反映，即反客為主，政治態度見風使舵。

　　「民主共和」成為新秩序既定政治體制後，反對民軍的其它派系再次與

〔註129〕〔美〕周錫瑞著，楊慎之譯：《改良與革命——辛亥革命在兩湖》（中譯本），江蘇人民出版社 2007 年，第 183 頁。

〔註130〕《閻錫山早年回憶錄》，第 13、14 頁。

〔註131〕陳志讓：《軍紳政權——近代中國的軍閥時期》，廣西師範大學出版社 2008 年，第 23 頁。

民軍合作，漸趨認同閻錫山軍事強權。於是山西政治秩序構建便由民軍主
導，而既具有同盟會員身份又與士紳等關係較好之閻錫山走到權力中心，得
到士紳階層積極配合與支持，確立了「軍主紳輔」的政治新秩序，從而使山
西的政治邏輯沿著一條武主文從的路徑演進。這種新政治秩序的建立，擺脫
了帝制時代的「紳－軍」政治，從而開拓出一種「軍－紳」治理的地方政治
秩序，奠定了此後閻錫山在山西的統治基礎，同時亦初步揭示了「武力造國」
的利弊得失。

第二章　失序中的有序：變動秩序中軍紳政權的調適

第一節　認廟不認人：袁世凱的威權與閻錫山的應對

一、閻錫山對「民主共和」體制的認知

　　辛亥革命導致中國政治急劇轉型，其間新舊勢力合流顛覆清政權，草創民主共和體制，上演了一場宮廷革命的「鬧劇」。這一革命的結果是國家政權被推翻清王朝的各派勢力把持，而這些勢力大多為清政府遺老或軍人，他們掌握著絕對政治資源，特別是其對軍隊佔有，使其在權力博弈中較為強勢，而真正的革命黨人與士紳階層因實力有限，無法與其抗衡，於是只好採取合作與順從態度，參與共和體制創建，從而使得民主共和形成了以軍人為主的軍紳政治實體。〔註1〕民國雖已鼎立，共和也逐步進入建設階段，但對於推翻帝制的相當一批職業軍人來講，他們對共和的態度有著歷時性變化。如唐德剛在《袁氏當國》一書中對袁世凱的共和認識及其變化做了詳盡描述。本文對其他軍人的共和認知不做專論，著重探討民國初年閻錫山對民主共和的認知及其變化歷程，進而探究閻何以認為君主立憲體制適合當時的中國，隨之倡導共和退出，選擇君主立憲，然不久為何又由君主立憲轉向選擇民主政體，

〔註 1〕 參見陳志讓：《軍紳政權 —— 近代中國的軍閥時期》，廣西師範大學出版社 2008 年。

認爲民治主義才是中國理想的政制選擇，並以此政治理論爲導引，在山西施行村本政治，以爲村本政治是民治主義踐行的有效途徑，是過渡到直接民主政治的基礎。

眾所周知，辛亥時期南北和議能夠成功的重要前提是「五族共和」契約政治構建、孫中山讓賢和袁世凱繼任臨時大總統。當草創的共和體制在全國範圍內達成共識後，南北雙方進行權力交接。1912 年 2 月 14 日，孫中山到南京臨時參議院辭去臨時大總統職務，推薦袁世凱擔任。參議院議決接受，定於 15 日開選舉大會推選袁爲臨時大總統，但暫時決定在新總統未就職前孫中山暫不解職。〔註2〕這一政局的劇變和共和政治核心權力的轉移在客觀上對當時中國政治演變產生巨大影響，尤其是孫中山離任中華民國臨時大總統一事對希望通過南軍北伐實現武力統一的同盟會所屬的地方軍政要人產生強烈衝擊。如山西籍同盟會員閻錫山就由此對南方革命軍政府北伐的夢想破滅，覺得革命領袖孫中山爲實現共和目標，反而對北洋軍首領袁世凱做出讓步，於是他也放棄當初與南軍共同北伐的設想，〔註3〕開始變得迎合時勢，在 2 月 23 日致電南北政要，表示擁護共和。其通電略謂：

> 錫山提師北伐，遵和罷征，本擬就地駐屯相繼而動，旋接太原諮議局及李盛鐸累次函電，並專員馬龍章前後面陳促令南返，得知和平可期解決，毋庸力征經營，遂決意班師南旋，刻抵忻郡，果聞清帝退位宣佈共和，南北統一，中外歡臚，臨時政府基礎益固，非諸公同心戮力之功，報館鼓吹提倡之力，曷克臻此，從茲四百兆同胞脫離專制，一躍而生息於共和政體之下，實受其賜，肅此電賀。

〔註4〕

由此可見，閻錫山順應時勢變化，主張共和，要加入共和體系。但這一公開表態並不意味著閻內心認可共和。事實上，認可共和體制和擁護共和是有所區別的，擁護可以是被迫的或從眾的，而認可則是從思想理念出發發自內心的接受。閻的擁護共和就屬於從眾的擁護，而非眞心認可其時的共和體制，何以會有如此論斷？從後文閻的話語就可得到合理的解釋。既然閻是從眾擁

〔註2〕 韓信夫、姜克文：《中華民國大事記》（一），中國文史出版社 1997 年 2 月，第 180、182、183、186 頁。
〔註3〕 《申報》1911 年 12 月 22 日，第 1 張後幅第 2 版。
〔註4〕 《申報》1912 年 2 月 23 日，第 1 張第 2 版。

護共和，那麼他就不得不擁護袁世凱組織的共和政府。當時閻錫山算得上是唯一一個在北方控制著一省的同盟會員，但受袁威權主義震懾，其對山西的權力操控也是有限的，時時要受到袁派勢力掣肘，對袁不敢有絲毫反抗。在面對民族爭端問題時，閻更是以民族利益爲重，再次喊出共和口號，藉以捍衛國家主權。如辛亥之際，俄人乘中國政局變動，與庫倫政府締結俄蒙協約，不准中國派官、駐兵、殖民，並就此向中國及日、英、法四國發出通告。對此，閻錫山力持異議，力主「五族共和」，並於 1912 年 7 月 15 日向土默特佐領武爾功致函請其從中斡旋，「尚希隨時鼓吹聯合，蠲除界限，以孚五族一家之義，非特爲蒙漠造幸福，實於大局裨益多多矣。」〔註 5〕同時，他又函電蒙古有影響力的旗人阿靈額，「夙念執事對於各蒙旗信用素深，感情亦篤，務望隨時聯合，以期畛域化除，同享五族共和之幸福。」〔註 6〕可見閻錫山在異族蠶食國土的威脅面前，與民國北京政府保持一致堅決主張五族共和。然閻的這一行爲也不排除他借共和從而避免蒙古動亂對山西政局產生不良影響的心理。

　　閻錫山在民國初年雖納入了袁威權下的共和體制，但他對共和的認識卻較爲模糊。由於閻進入共和體制是通過「督撫式的革命」，而非一個純粹崇尚共和制度的革命者。眾所周知，辛亥時閻不僅是清地方政權的重要軍政官員，更是富有革命使命的鐵血丈夫團成員之一。像這樣兼有雙重身份且年僅 29 歲的閻錫山，面對剛剛經歷過辛亥革命突發的中國，他對共和的認知不像他之後有那麼深刻，也不可能很快形成一理性的政治構想，而只能停留在感性認識和利益取捨層面，緊隨潮流，擁護袁世凱維繫的共和體制。有一事例對此可作很好的說明，即 1914 年間，當報紙有倡議還政清帝及變更國體等語之事時，閻得知後，迅速於 11 月 19 日專電北京政事堂、參政院、內務部等，表示反對，理由是「中華民國國體之成立，原於有清統治權之移轉。伏讀宣統三年十二月二十五日裕隆皇太后懿旨，以人心所嚮，天命可知，特率皇帝將統治權公諸全國，定爲共和立憲國體，並託付今大總統以全權組織臨時共和政府，與民軍協商統一辦法。」同時他又嚴斥那些「頑固之輩，迂腐者流，謬說流傳，不顧大局，豈知貞元會合，天人交孚，政體雖更，國家如故，縱由帝制而嬗爲民制，非滅舊邦而別爲新邦。」並進言「爲弭亂防嫌起見，擬懇

〔註 5〕《閻檔》（第一冊），第 49～50 頁。
〔註 6〕《閻檔》（第一冊），第 50 頁。

鈞堂、部、院采擇芻言，分別建議查禁，嗣後如有敢造作此等莠言者，懲以應得之罪，以靖人心，而安清室，全國幸甚。」〔註7〕隨後段祺瑞也站出來反對這一帝制復辟說，閻當即附和段，於 11 月 24 日覆電段「仰見崇論宏議，力劈邪說。承示各省逐電，以期迅速有力，尤爲欽佩。彼此意見相同，不謀而合。」〔註8〕從閻的言詞及其行爲可知，民初的閻錫山在北洋勢力控政的局勢下是共和的擁護者，當然也是共和總統袁世凱的支持者。

　　承前文所述，閻錫山在民初是從眾擁護共和體制的。然而，爲何後來他對共和的態度卻發生逆轉，由擁護共和向支持君憲轉變，認爲君憲適合當時之中國。閻這一政治行爲轉變的緣由，是受其時中國政治變動影響及其對社會洞察結果所致。袁世凱擔任總統後，暫時彌補了帝制消亡後中央權威的眞空，其集權意識和集權程度日益增強，這給非北洋體系的軍人實力派特別是近鄰北洋中心的山西同盟會員閻錫山以很大威脅。另一導致閻轉變的重要因素是他曾有四年留學日本的經歷，遊學期間對日本明治維新後的快速崛起深有體會，特別是對日本的軍國主義較爲讚賞。這些因素綜合作用，使得閻對袁世凱威權政治和畸形共和政治再次做出選擇，推崇袁的個人強權。1915 年 2 月，閻錫山謁見袁世凱，揣摩到袁的集權心理，便大談軍國主義，迎合袁塑造威權政治的設想，支持袁搞君主立憲。當袁由專制集權向帝制自爲轉變時，袁的幕僚於 8 月間在北京成立推行帝制的御用團體籌安會，由楊度牽頭任理事長，孫毓爲副理事長，嚴復、李燮和、胡瑛、劉師培爲理事。他們歪曲古德諾《共和與君主論》的立意，〔註9〕從法理論證並宣傳共和國體不合中國國情，電函各省代表到京請願，以製造民眾基礎支持袁世凱稱帝。閻錫山短時間內先後接到籌安會兩電動促後，於 8 月 25 日致電籌安會，告知已派遣代表崔廷獻、南桂馨赴會討論。〔註10〕面對袁的帝制自爲，閻這樣做有懼怕袁勢力的顧慮，當然也還有其他方面的考慮，即閻當時對民主共和已失去信心，認爲民國建立是一種機遇，並非中國有民主制的條件；〔註11〕此外隨著他在

〔註7〕 《閻檔》（第一冊），第 143～145 頁。

〔註8〕 《閻檔》（第一冊），第 146 頁。

〔註9〕 唐德剛：《袁氏當國》，廣西師範大學出版社 2004 年，第 160 頁。

〔註10〕 山西省政協文史資料研究委員會編撰：《閻錫山統治山西史實》，山西人民出版社 1981 年，第 59 頁。

〔註11〕 太原綏靖公署主任辦公室編：《閻伯川先生言論輯要》第 1 函第 1 冊，晉新書社代印，出版年不詳，第 45 頁。

黨爭環境中政治閱歷愈加豐富，形成了自己對政治體制的一些看法和理念，遂改變了他起初對共和的從眾擁護立場，變得像蔡鍔等一樣比較贊成君主立憲體制。然閻心中的君主立憲卻不等於中國的皇帝制，而是主張開明專制。他的這一政見可從 9 月 3 日致袁世凱電中看出：

> 竊維軍國主義，自歐戰劇烈，益為列強趨勢所注重，而軍國主義必借帝國主義以推行，共和政體，絕不適於生存，此持國家主義者之公論。錫山前密呈實行軍國主義，已邀睿鑒。近日籌安會討論君主國體問題，全國一致，極表贊同，公民請願，望治甚殷。誠以中國之情，決不宜沿用共和制度，非採取德日兩國君主立憲法，不足以立國而救亡。如徒慕共和虛名，既無美法國民之程度，將不免墨葡紛爭之慘劇，虛名已不可得，實禍且將立至。當辛亥革命之初，嘗以共和為新舊遞嬗時代之權宜手續，四年以來，默察國情，徵諸經驗，乃確信共和之不足以安中國。……今日改定君主國體，正全國人民希望誕登彼岸之機會，其關係中國前途治安更巨且大。我大總統為四萬萬人所託命，以大有為之才，乘大有為之勢，毅然以救國救民自任，無所用其謙讓。且近聞有人建議，阻擋反對籌安會之討論，或且以復辟之說相抵制，不知改定君主，乃內審國情，外察國勢，生於全國人心愛戴之至誠。非君主不足以救中國，非天縱英聞，為全國軍人所推戴，非大有為之君主，不足以救中國，此係國家主義所驅迫，不能參以君臣舊說之空談。故君主問題與復辟之說，絕不相容。且前清因怵於革命，舉天下以讓之民國。民國成立，於前清已斷絕關係，今民國以鑒於列強趨勢，國民請願，由民主而移之君主，天與人歸，各當其時，於前清更毫無關係，尚復何言。如因一二浮議，破壞君主立憲國體，徒使懷挾私見之庸臣，及幸災樂禍之亂黨，自幸甚其得計，而違拂民意，陷於危亡，誰肯為國家出力。惟有懇乞我大總統力予主持，早定國是，不拘拘於迂儒舊說之謬，致擾國家長治久安之計。〔註12〕

從閻電文可知，閻願意擁護袁世凱推行君主立憲。當然此電也是後人指證閻支持袁稱帝的有力證據。其實，閻的電文內容既反映了他對中國政治的看法，主張中國應效法德日實行君主立憲，同時也反映出閻對袁世凱的擁護。然而

〔註12〕《閻錫山統治山西史實》，第 59～60 頁。

閻支持袁推行君主立憲，並不意味著他就贊同袁搞皇帝制。君主立憲與皇帝制在本質上有很大區別，君主立憲有虛君與實君之說，不管君主是「虛」的還是「實」的，其權力都是有限的，要受到一定監管體制的約束，不像中國的皇帝是天子授命、皇權至上，在制度層面和法統上皇帝不會受到任何制約。

隨著君主立憲走向高潮，閻錫山又於 9 月 16 日再次致電參政院表示支持君主立憲，認爲「國是一日不定，人心一日不安，錫山竊日夜頸其望，私心默祝，早日決議，有以符輿情而鞏固國基也。……吾國苟不足自立，將爲東西不和平之導線。自立之道，非屬行軍國主義，不足以圖強。欲屬行軍國主義，非先定君主立憲，斷不能收上下一致精神貫徹之效。……此非謂假名君憲之足以強國，必君憲而後能屬行軍國主義，以圖自存，亦即維持東亞之和平也；且治國之要，順多數人民所趨向而措之則安，背多數人民所趨向而措之則危。」〔註 13〕閻的這些話語再次說明，他認爲中國只有實行軍國主義才可走向強國，而要推行軍國主義，首要推行君主立憲。

可見，政制選擇的多變和隨主流的從眾心理在閻錫山身上表現得相當清晰，自 1912 年至 1915 年間，僅短短 3 年中，閻的政治認識發生了明顯變化，由辛亥後從眾擁護民主共和，轉爲覺得共和體制不合中國國情，建言倡行軍國主義，主張應首推君主立憲。閻的這種變化是袁世凱稱帝前發生的，轉變的具體原因在於袁的威權重演了帝制的專權和武人政治的強勢。然袁借君主立憲搞的皇帝制以失敗而告終，結果使探索中國憲政道路的共和只有其表，袁的獨斷專行及其死後的政治失序卻直接導致南北分裂和武人專權文人代政格局形成。對於政制轉型中遇到的這些現實困境，閻錫山曾做過一定評論，前文亦曾提及他以爲民國建立是機遇巧合，而非有民主制基礎。那麼，在閻看來中國民主制的條件是什麼？從現有資料分析，未曾見到他的詳論，而他只是從其時中國國情談了民國建立的機遇。如閻 1919 年 9 月在洗心社講到：「我以爲辛亥革命家的心理，大多數並不是眞愛共和，愛公道；也不是眞要在政治上表現一種什麼作爲；實在是另有兩種原因湊合成的。是什麼呢？就是：（一）摹仿外國，（二）排滿……，所以共和成立，至今八年，約法運用，很難見效，名爲共和民主，實際上幾乎是不和無主。」〔註 14〕1921

〔註13〕 《閻錫山統治山西史實》，第 60～61 頁。

〔註14〕 太原綏靖公署主任辦公室編：《閻伯川先生言論輯要》第 1 函第 1 冊，晉新書社代印，出版年不詳，第 45 頁。

年 4 月 7 日，閻錫山在五臺河邊村川至中學演講中國歷史與文化時，再次談到民主在中國不適時，認爲改革太早，如刈未成熟的禾苗不能供人食用一樣，改革一事也必有一種大力推翻其舊才能建設其新。辛亥之改革可以說是民主主義的力量不過一、二分，其餘一半爲利用時機的力量，一半爲排滿主義的力量，故民主國家的形式雖具，而因果相乘，直到 1915 年仍抱利用時機的想法，盡量發揮。所以民主主義力量很不充足，最後民主國家陷於洪濤巨浪，主張各異。要想實現民主，必須增加民主主義的力量才行，但時人因缺乏愛和公道，使得共和不能維繫、國家不能立於安穩地位。〔註 15〕這是閻錫山對辛亥革命與共和創建之間關係的一點看法。這種看法有一定的合理成分，它是閻在經歷了南北紛爭、二次革命、袁世凱帝制等社會劇變後，對共和夭折與君主立憲困境的一點體認。然而，面對動蕩的政治秩序，經過自己多年對政治體制的思考，閻錫山對共和與立憲也失望了，不久後又改變認識，認爲君主立憲不如民主政體好。

閻錫山之所以對政治體制的選擇一再變化，一定程度上是受其時社會環境影響，另一因素是閻一直在結合中國的政治現實考量中國的政治出路問題。閻在民初本以爲君主立憲是當時中國較爲適宜的政體，但之後通過研究和分析東西方政治的異同，又富有哲理地對東西方政治的不同類型做了解釋，將其歸納爲豎政治和橫政治，進而從宏觀層面論證選擇君主立憲的利弊，在某種意義上否定了君主立憲。閻認爲中國幾千年實行的是專制統治，而這種統治主要仰仗君主一人的公道心，故可將它稱作豎政治，這種政治的最佳表現是三代之治，即「日出而作，日入而息，鑿井而飲，耕田而食，帝力何有於我哉」。不過，豎政治強調地是「中」。可是僅有「中」是不完美的，還需其他的制衡力量才能使政治更加完善，那就是橫政治的出現。橫政治是爲防豎政治的暴君治理而構建的，以全民參政爲根本原則，其核心精神在於求「平」，而「平」的要旨又在於「廣」。故嚴格講，只有全民政治才稱得上是「平」而「廣」，代議制多少有些失眞。因此，就全球範圍而言，橫政治也不是盡善盡美，只能稱爲橫政治之苟且。〔註 16〕

〔註 15〕閻伯川先生紀念會編：《民國閻伯川先生錫山年譜長編初稿》（一），第 393～394 頁。

〔註 16〕《閻伯川先生言論輯要》第 1 函第 1 冊，晉新書社代印，出版年不詳，第 97～99 頁。

通過這種橫、豎政治的對比分析，再結合中國武人當國的環境，閻錫山覺得其時中國過早談民主是不適宜的，中國如要實現法制，必須經過人治階段。為什麼要經過人治呢？他認為「莫不日欲救亡，非彌亂不可！欲彌亂非法制不可！殊不知國亂由於心亂，心亂由於政亂」，單純靠法無以消除亂，而亂又不能直接進入法，所以「必須由亂而進於人治，由人治而再進於法制」。只有用人治的力量才能壓倒人心中的邪欲，使之斂跡，確保法制建立，否則在政治失序和社會失範的混亂狀態之下，倡言法制，只能是徒訂章程頒佈法令而已，並不能收到實際效果。〔註17〕於是，閻把具有民主趨向的君主立憲和民主共和都加以拋棄，而開始探索他自認為適合中國國情的民主政治。

閻錫山除認為民國初年中國不適合採納西式民主政治外，還結合自己對中西政治文化的不同感受，再次將政治體制分為兩大類，即君主政體和民主政體。君主政體可分為君位傳聖的政體與君位傳子的專制政體，而民主政體可分為一黨的政體與多黨的政體。經過對君主政體與民主政體的對比分析，閻相對認可民主政體中的多黨政體。何以如此呢？閻認為一黨政治的利弊有時與君主政體是相同的。一黨政治善惡之間的差距，比君主政體還明顯。如果這個黨是聖人黨的話，那麼它完全會為民謀幸福，如果它是自私自利的暴君結合，那麼它桎梏人民，較之惡君的負面影響還嚴重。而多黨政治與一黨政治就有所不同，多黨中的二黨政治尤為穩定。原因是兩個黨以上的政治行政飄搖不定，將國利民福置於政治之外，完全失去民主的意義，但二黨政治可以互為牽掣，避免將過多精力放在政黨政治的競爭上，從而可考慮國家建設，對國家政治能起到維穩作用。然無論是二黨或二黨以上政治，均是民主的過程，不是民主的終點，而真正的終點是直接民主。以此為基礎，閻錫山進一步認為理想的政體是「直接的民主政體」。直接民主的意義為：一是不經過政黨，人民以村為單位，建立村公民主政大會，成為主政單位，直接行使民權。二是政治的施為，要變由上支配下的政治為由下要求上的政治。〔註18〕

從以上閻的政治制度論分析可見，他心中的民主政體是直接民主，即不經過政黨，人民以村為單位，建立村公民主政大會，成為主政單位，直接行使民權。而且，為了實現他的這一政治構想，決定將政治放在民間──「村」

〔註17〕《閻伯川先生言論輯要》第1函第1冊，晉新書社代印，出版年不詳，第99～104頁。

〔註18〕《閻錫山傳記資料》（二），第91頁。

一級，以爲推行直接民主政治創造條件。閻自認爲在山西推行村本政治就是對其民主政治理念的踐行，並在村制中大力宣傳他的直接民主政治主張。1920年 9 月 3 日，閻錫山告誡山西地方實察員，要「先將自己放在民間，才能將政治放在民間」，理由是「人民加入政治難，政治放在民間易。」「施行民治主義之政治，當然是要政治與人民爲一體；既要政治與人民一體，要使人民加入政治」。就要像施行民治主義的美國，如不使人民加入，就不能成爲民治。中國要想實現民治主義，同樣要人民加入政治。然而，中國人程度甚低，政治臺階甚高，如果強力提挈二者，可能不太合適。人民加入政治雖是施行民治主義的正當軌道，然中國欲行之，實在很困難。所以共和皆是空談，愈講愈糟，愈行愈亂，距民治主義愈去愈遠。閻覺得民治政治在中國實行確實比較困難，但還是想出一個具體的應對辦法，即將政治變爲樸質平易的內容，容易在民間施行。那麼，具體如何操作才能將政治切實有效地放在民間呢？閻以爲一定要在民間做實實在在的事情，做爲民謀利的事。〔註 19〕只有經過這樣有效的人爲治理和引導，才能使民眾積極參與政治，從而不經過政黨就可邁向直接的民主政治。

二、袁世凱的集權與閻錫山的態度

　　民國雖已鼎造，但「督撫革命」造成軍事實力派控制地方政權的後果，給中央政府的行政與管理帶來困難。其表現最突出的問題是軍政問題，即軍隊編制混亂、南北各軍互不統屬、軍隊開支龐大。據陸軍部 1912 年 3 月份支出概算統計稿言，「預算爲國家要政，軍費爲出款大宗」。況且陸軍部給各個軍隊做預算也有困難，原因是「一則軍隊名稱未盡一致也。查江寧光復以前，各志士組織敢死義勇進行諸隊，名目不下十餘種，將士不下三十萬眾。開部之初，尚慮已有軍隊渙散紛亂，旋復頒行陸軍編制令，各軍漸就範圍，齊其名稱，整其秩序。」〔註 20〕中央政府的另一難題是地方大員握有兵權，中央對其難於駕馭。辛亥革命中迅速崛起的督軍多爲軍人出身，他們有時表現的不太順從於中央，甚或與中央相抗，以致「中華民國成立以後，其第一發生

〔註 19〕《民國閻伯川先生錫山年譜長編初稿》（一），第 376～377 頁。
〔註 20〕《陸軍部 1912 年 3 月份支出概算總目底稿》（1912 年 3 月），中國第二歷史檔案館：《中華民國史檔案資料彙編》（第二輯南京臨時政府），江蘇古籍出版社1991 年，第 293 頁。

之大問題，懸於吾等之目前者，即地方制是也。革民軍之起也，各省同時響應，標獨立之幟，各設軍政府，推舉都督。迨形勢既成，乃設統一之臨時政府於其上。」〔註21〕可見，軍人掌握政權，中央難以「削藩」成功，是民國北京政府面臨的一大困境。

　　對於解決軍人控政問題，雲南都督蔡鍔在北京政府未成立之初，即於1912 年 2 月 9 日致孫中山與各省都督電中，與他們探討國家構建之後的政治、財政與軍事等問題，主張軍隊統一。他以為「中央已設陸軍部、參謀部，而各省北伐軍隊皆受節制於總司令官，是軍事已有漸趨統一之勢。惟反正以後，各省多添募新兵，略無限制，至有非臨戰區域亦有以一省而驟添五、六鎮者，槍械既缺，餉糈尤為不支，恐將有不戢自焚之禍」。蔡鍔主張應「由陸軍部體察各省情形，酌定應編鎮數，通令汰弱留強，勤加訓練，已成之鎮，悉聽中央調遣，庶全國軍隊聯為一氣，可以互相策應。」〔註22〕民國北京政府成立後，蔡鍔又於 4 月 26 日向臨時大總統袁世凱及各省都督函電，表示擁護軍政統一，「擬請中央通盤籌計，速劃定軍事區域，酌定應編額數，凡溢額之兵，可裁則裁，酌予恩餉，次第遣散。若勢難驟裁之兵，則分別汰留，從事開墾，以為消納。」〔註23〕蔡鍔要求裁編軍隊的主張引起宋教仁、段祺瑞等人的注意。

　　1912 年 5 月 30 日，農林總長宋教仁向國務院會議提出大政方針，主張實行軍民分治，集中軍政、財政於中央政府，並提出裁兵等 12 條內容。〔註24〕6 月 13 日，陸軍總長段祺瑞出席臨時參議院宣佈裁軍方法，提出分駐各省軍隊，只能按前清時代原有兵數，〔註25〕不得任意擴充。對於軍人掌控軍政與民政的嚴重性，中央政府也早已意識到這一問題急需解決的緊迫性。9 月 25 日，袁世凱與孫中山、黃興協定內政大綱八條，經黎元洪電覆贊同，於是日袁世凱通電各省宣佈，「立國取統一制度」，「暫時收束武備，以儲備海陸軍人材」，「軍事、外交、財政、交通、司法，皆取中央集權主義，其餘斟酌各省

〔註21〕 傖父：《中華民國之前途》，《東方雜誌》（第八卷第十號），1912 年 4 月 1 日，第 2 頁。
〔註22〕 曾業英：《蔡松坡集》，上海人民出版社 1984 年，第 238 頁。
〔註23〕 曾業英：《蔡松坡集》，上海人民出版社 1984 年，第 435 頁。
〔註24〕 韓信夫、姜克文：《中華民國大事記》（一），中國文史出版社 1997 年，第 204 頁。
〔註25〕 同上書，第 206 頁。

情形，兼埰地方分權主義」。〔註26〕為了更好地實施這一政令，適當處理好軍政關係，加強中央集權，民國北京政府特出臺兩項措施：一是實行軍民分治，二是進行裁編軍隊。

首先，袁世凱勸誡各地都督、民政長不得擅越權限，11月27日下令各省都督、民政長遵行統一官制、官規，不得擅越範圍。〔註27〕1913年1月8日，袁世凱又發佈《通飭各省組織劃一行政官廳文》，「通令京外各官廳，凡現行各項官廳組織，有與各本令所定劃一辦法不符者，均須分別遵照改定，一面為整齊現制之圖，一面為施行新制之備。」〔註28〕其次，召集各省軍事要人商議裁兵。3月18日，各省軍事代表在總統府開會，議決改組全國軍隊，計劃將全國軍隊減為34個師，規定大省可有2師，小省只能有1師，邊疆大省可增至4師；每連兵額平時126名，戰時可增至170名，增加人數從退伍兵員內選撥充任。〔註29〕為了說服地方軍事實力派執行裁兵措施，袁世凱又於6月21日通令裁兵節餉，說明中央下令裁兵目的是為了節餉，即「博稽歲出，軍用為多，迭經國務會議僉以裁兵節餉為切要之舉，應由參謀陸軍兩部會商財政部妥籌限制兵額，分配軍區，核實簡陳以足維持地方治安為度。」〔註30〕那麼，面對中央政府的裁兵節餉舉措，作為地方軍事強人的閻錫山對其持何種態度呢？

事實上，民國建立初期，閻錫山限於中央威懾與軍費籌措困難，積極配合中央裁編軍隊。據載「閻都督由歸綏率隊返省，力圖建設，返顧本省財政之支絀，始先行編汰軍隊為入手之辦法。曾經臨時省議會議決，晉省只能編一師一旅；暨奉中央命令，亦如此議。當返省之初，設有總司令部，節制全省陸防各軍，由閻都督委任孔師長庚為總司令官，責令切實改編隊伍，認真訓練。」於是，在中央裁編軍隊政令的推動下，孔庚就任晉省軍事總司令後，接受閻之裁兵命令，解散忻代寧公團、省防八旗巡防隊，取消太原鎮，解散太原鎮巡防八旗，改編工程隊、炮隊、馬隊、步5標、3標、獨立馬步及游擊馬步等營，未被改編的軍隊僅為大同鎮巡防隊及口外巡防八旗，和河東（運城）一帶軍隊。到1912年9月間，晉總司令部又被取消，山西遵照中央陸軍

〔註26〕 同上書，第220頁。
〔註27〕 《政府公報》1912年11月27日，命令第二百十號，第7冊，第735頁。
〔註28〕 《袁大總統書牘彙編》（卷二政令），上海廣益書局1920年，第36頁。
〔註29〕 《中華民國大事記》（一），第246頁。
〔註30〕 《袁大總統書牘彙編》（卷二政令），上海廣益書局1920年，第50頁。

部命令，由中央正式任命孔庚爲山西陸軍第一師師長，並命閻錫山繼續兼管大同口外各巡防軍隊。〔註31〕同時，袁世凱任命孔繁霨充任山西第 1 師步兵第 1 旅旅長。〔註32〕可見，晉省軍事長官都直接經過中央任命，並直接由中央委派，而受閻錫山的干涉因素較少。這種做法說明中央的裁兵在山西收到一些成效，並在一定程度上削弱了閻錫山的軍權。

　　然而，閻錫山表面上配合中央裁編軍隊，骨子裏對其卻有所保留。中央在改編晉省軍隊的同時，閻向北京政府列舉多種山西需要兵員的特殊理由，反對山西軍隊過分被裁編，並建議中央對退伍節餉一案應慎重實施，他認爲山西「省南河東、潞澤、平陽一帶，伏莽甚多，深恐乘間蠢動」，「若遽裁多兵，空虛可憂，應先由錫山酌調駐邊軍隊，扼要填紮，以資鎮懾，所有未退伍以前按預算溢支餉銀，請照六月份月餉數目，准予追加，以便造送決算。所有辦理退伍及調軍填紮情形，理合電陳。」〔註33〕閻錫山的提議沒有得到中央政府的批准，反而引起中央對他的警惕，促使中央決定派專人到晉督促軍隊的裁編工作。〔註34〕

　　面對中央裁兵的強硬態度，閻只好保留他的要求，首從編裁駐邊軍隊入手做起，裁汰兵員。1914 年 1 月 11 日，閻函電張紹曾擬將駐邊軍隊調返編裁，要求張能夠派隊接防。要張接防的理由有兩方面，一是「據部員迭奉部令，限日點驗裁遣，催促甚急。當即遵照大總統調駐邊軍隊分紮河東一帶之令，電由駐包張代師長（培梅）抽調步兵兩營，先後開往河東填紮，以便裁汰河東馬炮各營。此外平陽、潞安應行退伍之兵，均須俟駐包軍隊回駐，方能著手裁遣。」二是「正月份餉項已屬無著，若不從速調回邊軍，分別裁遣，勢必嘩潰堪虞。」〔註35〕但張紹曾對閻的函電不是很感興趣，未做出任何接防舉動。14 日，閻只好再電張紹曾陳述調駐邊軍隊回晉裁編之急，原因是「此次因國家財政困難，不能不遵令編裁，確符預算，原屬萬不得已之舉。頃承諄囑，擬於薩包方面留晉軍步隊一團，從緩退伍等因。」〔註36〕從閻電

〔註31〕中國第二歷史檔案館：《中華民國史檔案資料彙編》第三輯軍事（一）（上），
　　　　江蘇古籍出版社 1991 年，第 581 頁。
〔註32〕同上書，第 580 頁。
〔註33〕《閻檔》（第一冊），第 132～133 頁。
〔註34〕《閻檔》（第一冊），第 133 頁。
〔註35〕《閻檔》（第一冊），第 135 頁。
〔註36〕《閻檔》（第一冊），第 135～136 頁。

文內容看，他是響應中央號令的，但從他先裁編駐邊軍隊的行為看，筆者以為這是閻採取抗議中央裁編軍隊的一種手段。因為他上呈中央要求保留晉省兵員的理由就是駐邊軍隊需要數量大，然中央對他不僅未予理睬，反而還派專人督促晉省的裁編工作，於是閻就首從駐邊軍隊下手，進行裁編，而非從晉省內部軍隊裁編做起。

閻錫山編裁駐邊軍隊的做法，與綏遠都統張紹曾在撤軍回防、山西劃界問題上發生衝突，導致兩人因此事關係變得極不融洽。後來閻錫山又借其它一些小事，非法捉拿張氏親信某縣知事，將其繩之以法。這一行動更加引起張的不滿，導致張、閻關係惡化，兩人將糾紛控訴到中央，請北京政府調解，雙方打了多次官司，未能消除隔閡。袁世凱擔心兩人會爭鬥，於是把張氏調回京城。〔註37〕張紹曾退出綏遠後，閻錫山擔心袁世凱會對他不利，為取信於袁，在 2 月 22 日電袁等，「擬請大總統飭交陸軍部將山西陸軍第一師改編陸軍第幾師，直隸部轄，益足以昭統一而固邊關。如荷鑒允，該師應需薪餉等項，並乞飭由財政部轉飭山西國稅廳，從國稅廳項下就近照撥。惟該師現駐內地之軍隊，乞暫仍舊分紮，以資鎮懾。俟將來民政長編練警備軍完全成立，足敷分佈，將全師量予調駐要地。除混成旅現仍駐守省垣及河東潞澤兩屬，仍飭該鎮守使嚴密分防外，所有山西陸軍第一師，擬請歸陸軍部直接管轄。」〔註38〕從中可知，閻錫山的意思是山西陸軍第一師歸陸軍部直轄，其餘山西境內軍隊仍歸督軍府調遣，但閻之意與袁世凱的想法大有出入。袁為徹底集軍權於中央，不僅意在裁撤軍隊，還有意裁撤各省都督之制，無論中央與地方將領，皆授以將軍或將軍官職。在中央任職者冠一「威」字，駐地方者冠一「武」字，山西將軍取重鎮大同的一個「同」字，〔註39〕於 1914 年 6 月 30 日袁世凱任閻錫山為「同武將軍督理山西軍務」。由此可見，袁的這一意圖旨在將軍務完全歸中央節制，並改任地方握有兵權的將領為陸軍部直轄下的普通將士，從而削弱地方軍人的實權。

閻錫山不敢對中央軍制改革公開反抗，但他對中央允許山西只存一師半軍隊的命令深為不滿，建議袁世凱將晉綏劃為三駐兵區域，晉軍原 1 師半改編成 3 混成旅，將包頭駐軍也劃歸晉省管轄，由他督理晉綏軍務，意在變相

〔註37〕《晨報》1923 年 2 月 27 日，第 6 版。
〔註38〕《閻檔》（第一冊），第 138 頁。
〔註39〕《閻錫山傳記資料》（五），第 7 頁。

地保障他的軍權不被剝奪。於是，閻再次致電中央「第九師軍隊分紮包頭、大同、河東等處，南北遙遠，呼應不靈，調遣運輸，尤需時日。且晉南毗連陝、豫，伏莽潛滋，須將騎、炮各隊屬之旅部，分駐河東、平陽、潞澤等處，歸晉南鎮守使指揮調遣，諸多便利，省垣現設一混成旅，以所屬之團營分防大同，亦足兼籌並顧。至包頭現駐軍隊，全數足編爲一混成旅，即歸晉西鎮守使管轄節制，以固邊圉。錫山再四籌維，擬將晉軍所編三混成旅，歸陸軍部直轄，並請飭由陸軍部按照中央混成旅次序定名爲第幾混成旅，以明統系，仍由錫山督理一切。」〔註40〕此電說明，閻將山西特殊情形告知中央，要求將山西軍隊分佈晉省各地方，分散中央對晉軍直轄的權力，同時又要求這些軍隊仍由他個人督理。

除函電袁世凱建議晉綏軍由他掌控外，閻錫山還向統率辦事處〔註41〕推薦由其好友擔任晉軍混成旅旅長職務，如「駐省混成旅旅長陸軍少將黃國樑，軍事才長，富有經驗，擬請轉呈任命黃國樑爲該混成旅旅長。」〔註42〕他的建議得到中央許可，閻於是正式將晉省軍隊改編爲三個混成旅，其中兩旅軍隊直接由他的部屬黃國樑和孔庚掌控，即駐省垣混成旅改爲陸軍第十二混成旅，由黃國樑擔任旅長。駐包頭等處之第九師改爲陸軍第十三混成旅，任命孔庚兼充旅長。晉南各軍隊改爲陸軍第十四混成旅，由董崇仁兼充旅長。〔註43〕這樣，閻通過與中央博弈，將中央原本擬設晉軍1師改爲3個混成旅，並將其中兩個混成旅的兵力控制在他的部屬手中。這說明閻在服從袁世凱的同時也在爭取他個人利益的最大化，而試圖集權的中央在強令編裁軍隊的同時，也在某些方面做出妥協，不願完全惡化與地方軍事強人的關係，二者在利益上重新找到了平衡。

由上文可知，北京政府裁編軍隊，閻錫山相對持配合態度，尊奉中央號令裁編山西軍隊，但他又通過與中央交涉，將軍隊主要控制權仍掌握在他及其部屬手中。這樣，山西裁編軍隊的工作就告一段落，中央意圖集權的另一重大舉措開始上演。民國北京政府爲遏制地方主義滋長，袁世凱試圖達到進一步「削藩」的目的，便實行軍民分治，將軍政與民政的統轄權由一人掌控

〔註40〕 《閻檔》（第一冊），第139～140頁。
〔註41〕 1914年5月1日，袁世凱公布新約法，改內閣制爲總統制，總統權力無限制擴大。5月9日，依新約法規定，於大總統府設統率辦事處。
〔註42〕 《閻檔》（第一冊），第141頁。
〔註43〕 《閻檔》（第一冊），第142頁。

分屬於不同人分管。軍民分治首由黎元洪於 1912 年 4 月 12 日通電提出，他提軍民分治的理由是：

> 軍民並轄，積厚培高，權力之雄，罕與倫匹，夫位高則啓爭，勢重則招軋，一人更動全局推翻，稍擁重兵，即因反側，縱使服從命令，遵守範圍，而遊士亂民，群相趨附，謠言熒聽，浸語鑠金，假部命以觀兵，託民岩而伏罪，兵連禍結，更嬗爲雄，鷸蚌相爭，猿蟲共化，其害八也，兵權既重，省界斯分，畫畛區疆，各爲風氣，鄉鄰有鬥，則閉户不前，越人彎弓，則含笑而道，甚或擴張權力，消納亂兵，以近省爲尾閭，借鄰封爲甌脫，鄭芟周稻，楚刈吳瓜，蠻觸紛囂，靡有底止，內訌不息，外患相乘，其害九也，強藩坐縮，閫外自尊，厚集黨援，廣招朋類，上不承於總統，下不謀諸庶民，叱咤則山嶽爲崩，揮霍則江湖俱竭，稍有異議，立煽兵變，猶復封章乞骨，露表陳情，陽居謙讓之名，陰示把持之實，雖有中央政府，亦若於張弧不弦，長鞭莫及，周代列邦，唐朝藩鎮，積重難返，可爲寒心。〔註44〕

由黎電可知，他倡導民軍分治的原因是一人掌管軍民兩政權力過重、地方坐大中央權力式微，故要推行軍民分治，以避免重蹈周、唐覆轍。但對實行軍民分治一事，軍民共治省份的軍政大員激烈反對，軍民分治省份一些地方大員也對此持有異議，他們暗中串聯對抗中央軍民分治。如江西督軍李烈鈞電閻錫山、胡景伊等表示反對，「中央現主極端集權，實行軍民分治，收軍權財權，暨一切重大政權悉褫。中央罷各省都督之反對，則大借債以操縱之，雖失權於外人，亦在所不惜。此後救濟之法，惟有聯絡東西北各省反對、力爭，或可補救一二。」〔註45〕

閻錫山支持李電。1912 年 7 月 19 日，閻覆電李烈鈞「軍政民政，其權不容分屬。爲今之計，首應取消軍民分治之說，仿中國行省舊制，與各國屬地總督之例，授各省都督以行政特權，限以年歲，使其屬行整理。因循玩愒，屆期不舉者，嚴加懲處。使政府與地方互相維持，互相監督，庶政府之野心不萌，而各省亦不至逾越權限。」〔註46〕閻之所以附和李意，是因他痛恨軍

〔註44〕《東方雜誌》（1912 年）第八卷第十二號，第 25 頁。
〔註45〕《閻檔》（第一冊），第 5 頁。
〔註46〕《閻檔》（第一冊），第 4 頁。

民分治，民政長對他的集權構成威脅。由於山西自民國伊始就爲實行軍民分治省份，省行政首長爲民政長。民政長之下，分設內務、財政、教育、實業各司，以分掌各項政事。全省按河東、冀寧、雁門、歸綏四道區，分置河東、中路、北路、歸綏四觀察使，以理察吏安民諸事。〔註47〕閻在晉省雖較爲強勢，但他也不願中央從制度層面對山西省府權力約束，特別是中央限制軍人強權的做法，令他反感。山西情況較爲特殊地是閻在晉省權力遭到民政長的分割，甚或受到限制。據他所述「晉自實行分治，遇事扞格甚多，忍之則百端頹廢，不忍則齟齬叢生，補救調停，困難萬狀。」〔註48〕由此可見，他堅決反對軍民分治，是對軍民分治掣肘他的權力擴張深有體會。

但閻錫山自己不敢大張旗鼓地站出來反對軍民分治，卻在私下動促各地大員反對軍民分治。他電陝督張鳳翽，徵求其對李烈鈞聯合各省反對軍民分治的意見，即「贛都督文電，聯合各省力爭限制中央集權，敝處極表同情，安危所繫，祈賜贊成。」〔註49〕與此同時，爲抵制軍民分治，粵督胡漢民亦電閻錫山，主張「各省都督允宜聯合一致，結一堅固之團體，方足以進行要政，保障共和，對於中央爲有力之主張，對於各省期一致之進步。」〔註50〕李烈鈞隨即通電附和，響應胡漢民主張「頃接桂林陸都督諫電，贊成粵胡都督限制中央集權偉議，經各省贊同聯合，請粵主稿力爭。我國不能採中央集權制，粵都督前電已於學理，現狀討論盡致，嗣復經閻、譚各督贊成，思潮所趨，原無二致，烈鈞對此亦均迭有所陳。」〔註51〕同時李還專電閻錫山，讓他電催並聯絡陝西張鳳翽、雲南蔡鍔、貴州唐繼堯，支持軍民不宜分治。〔註52〕對此，閻錫山積極響應，再次開始聯絡陝西張鳳翽與貴州唐繼堯反對軍民分治，〔註53〕但結果並未得到他們的回應，卻得到了南京程德全等人的響應。

程德全電稱「向以扶助中央爲宗旨，於中央政策本不欲輕於反對，惟軍民分治，按之外省情勢，刻難適用，若一律驟予實行，扞格立見，流弊滋多，

〔註47〕 《閻錫山傳記資料》（五），第 7 頁。
〔註48〕 《閻檔》（第一冊），第 13 頁。
〔註49〕 《閻檔》（第一冊），第 7 頁。
〔註50〕 《閻檔》（第一冊），第 9 頁。
〔註51〕 《閻檔》（第一冊），第 8 頁。
〔註52〕 《閻檔》（第一冊），第 10 頁。
〔註53〕 《閻檔》（第一冊），第 11 頁。

自應詳晰敷陳，以免隔閡。愚見民軍分治是法理，軍民驟難分治是事實；軍民分治是國家永遠之規，軍民驟難分治是暫時從權之策。」爲維護國體形象，程建議各都督之言論應愼重，並請胡漢民主稿先行電示，以便共同簽名譯發。〔註54〕閻贊同程的意見，於 8 月 2 日電胡漢民，並轉達程的意見與所探聽到的消息，即「東三省、陝西、河南對於總監之任命，均有電反對，政府已將省制、省官制及省議會法三案撤回」，提議胡漢民快速寄稿到南京，當即挈名譯發，以促轉圜之機，〔註55〕同時又致電福州、桂林、長沙、杭州各都督，徵求他們對軍民分治的意見，希望其能支持軍民合治。〔註56〕閻的這一系列行動，表明他是反對軍民分治的堅定者，雖不敢自己以身試險，向中央稟明態度，但暗中卻聯合各地軍事大員，希望一致反對民軍分治。

　　不久，多省軍事大員都表態對軍民分治持有異議。如吉林陳昭常表示贊成軍民合治。〔註57〕安徽贊成軍民合治，並請李烈鈞聯銜通電全國。〔註58〕另據李烈鈞在徵詢閻錫山對領銜譯發通電意見時也談到，奉、湘等省也支持軍民合治，「願聯名者，有奉、寧、粤、湘、尊處與敝處六省，擬再聯閩、桂、川三省，仍請寧領銜，會電中央訂定，時機急迫，尊處如有偉見，請速發表，並催各省迅行決定爲盼。」〔註59〕但閻錫山不同意由寧領銜，理由是奉天趙爾巽在地方軍政大員中資歷較深、威望較高，由他領銜通電支持民軍合治，結果可能會好些。〔註60〕但趙作爲軍民分治的一個支持者，同意聯名，卻不願意領銜。〔註61〕鑒於此，閻錫山只好改變策略，致電李烈鈞仍照前定辦法。〔註62〕由此可知，當時各省軍政大員大多都反對軍民分治，支持軍民合治，但卻沒有一人敢向袁世凱表達反對軍民分治的心聲，這在一定程度上反映出袁世凱的威權主義十分強大，地方勢力對他還是有所畏懼的。如果沿著這種邏輯推測，就不難理解在袁世凱帝制自爲時，各軍政大員對帝制大多選擇了「違心」的支持。

〔註54〕《閻檔》（第一冊），第 12～13 頁。
〔註55〕《閻檔》（第一冊），第 13～14 頁。
〔註56〕《閻檔》（第一冊），第 14～15 頁。
〔註57〕《閻檔》（第一冊），第 15 頁。
〔註58〕《閻檔》（第一冊），第 17 頁。
〔註59〕《閻檔》（第一冊），第 17～18 頁。
〔註60〕《閻檔》（第一冊），第 18 頁。
〔註61〕《閻檔》（第一冊），第 20 頁。
〔註62〕《閻檔》（第一冊），第 21 頁。

　　各省都督雖無人單獨領銜致電政府表示反對「軍民分治」，但卻發生了對軍民分治進行直接反抗的江西驅逐汪瑞闓事件。事情是由袁世凱派汪瑞闓赴江西任民政長一事引起，王的任職遭到江西軍民群起反對，並阻止汪氏入境。袁世凱只好派王芝祥赴江西調解查辦，但仍於事無補。此外，江西督軍李烈鈞明知中央在裁兵節餉，卻還擅自改編師團，私自派員管理九江和炮臺。〔註63〕可見李在江西的公開抗袁行為，阻礙了中央推行軍民分治的步伐。

　　江西事件引起的震動，傳遍全國，北京政府意識到多數省份對軍民分治持有異議，於是中央不得不採取折中辦法，放棄由民政長控政的設想，仍由都督與民政長共掌地方政權，並於8月17日，國務院致電各省就軍民分治問題，決定在過渡之始，地方軍政大權由各省都督、省尹互相兼任，如都督兼省尹，則在其下設民事長，如省尹兼都督，則於其下設軍事長。〔註64〕中央的讓步，已說明軍民分治舉措的失敗。

　　不過，袁世凱仍不甘心地方主義滋長，為進一步加強中央集權，試圖重新劃一制度約束地方的強勢，便採取廢省存道政策，使道與中央成為直接的隸屬關係，於1914年5月23日將各省民政長改為巡按使，管轄全省民政各官及巡防營警備隊等，〔註65〕改各道觀察使為道尹。巡按使雖在事實上接替了原來的民政長，但在名分上則不是行政官，而是監察官，在對他們特別委派之時，中央分別明令賦以監督財政與監督司法之權。袁以為，此制如能行之長久，即可逐漸做到廢省存道。〔註66〕由此亦可得知，民初袁世凱雖靠軍事強權控政，但他卻很重視制度創設，試圖利用制度構建集權於中央，消除地方割據隱患，而且連續不斷地推出新制，以改革地方制，遏止政治地方主義的膨脹。

　　然而，中央制度規範在運行中卻遭到地方排斥，以山西為例觀察，它名義上為軍民分治省份，實則民政長受到閻錫山的排擠，閻公開催促民政長把權力交給縣長和其它地方官吏。〔註67〕而且，受閻勢力干擾，山西民政長更換也相

〔註63〕《袁大總統書牘彙編》（卷二政令），上海廣益書局1920年，第48頁。
〔註64〕《中華民國大事記》（一），第214頁。
〔註65〕同上書，第326頁。
〔註66〕《閻錫山傳記資料》（五），第7頁。
〔註67〕《閻錫山研究——一個美國人筆下的閻錫山》（中譯本），第15頁。

當頻繁，從 1912～1914 年間連續換了 6 任。〔註68〕在廢省存道制頒行後，山西第一任巡按使是旗人金永，相當驕悍，他是袁世凱委派監督閻錫山的。金永到晉，初任內務司長，廢省存道制實行後，即上任巡按使。當時中央爲分散各省都督軍權，命各巡按使成立警備部隊。此令一下，金永在晉積極成立警備隊 7 營，後又不斷增加，對抗閻錫山的晉軍。〔註69〕報紙對這段歷史描述比較客觀詳實，據載「山西巡按使金永因招募警備隊，與閻錫山大起暗潮，聞閻將軍日前曾有電致北京略謂，『金使派人在東三省招募鬍子，充當本省警備隊，目前將入晉境，此舉與地方治安極有關係，請速電阻不許入境，否則某將以武力自由阻止』。但聞金使此舉實受意旨，爲抵制閻氏之計，或將因此激成他變」。〔註70〕可見，巡按使金永和將軍閻錫山鬥得很厲害。閻與金永派鬥爭的激烈程度，達到雙方互擁兵力成對峙之勢。袁世凱聞報後急派參政陳鈺前往調停。結果陳鈺獲悉不僅閻與金永關係緊張，而且孔庚與金永衝突也很嚴重。袁世凱不得已擬將金永調回京，以期消除一方面之衝突。〔註71〕但袁又不敢輕易將金永調走，擔心閻錫山公開反抗他，故暫將金永留在山西，後來，閻錫山則借袁世凱稱帝案，將金永勢力徹底剷除。由此觀之，山西軍民政大權實操於閻錫山之手，而非民政長或巡按使所能操控，只是因有民政長和巡按使在晉省存在，使得閻錫山的政治行爲相對收斂，並有所顧忌，但眞正能夠發號施令的還是閻錫山。這樣一來，軍民分治在山西的推行就大打折扣。

三、政體受挫時閻錫山之行爲

「二次革命」後，國民黨重要領導人遭袁世凱通緝，被迫逃亡海外，國民黨活動轉入半秘密狀態。北京政府暫時消除黨爭煩惱，袁世凱集團一黨獨大，他的權威日益凸顯，國民黨由權力中心走向邊緣。這一政治演變促使國民黨曾一度改建「政黨」參與共和政治之後，又重新回到「革命黨」立場，在事實上摒棄了西方式的議會政治道路。〔註72〕袁世凱則借助二次革命失

〔註68〕 山西首任民政長爲李盛鐸，後爲湖北周勃，其後爲山西神池谷如墉、河曲趙淵、繁峙陳鈺、閻錫山曾兼任一段時間。
〔註69〕 《閻錫山傳記資料》（五），第 7 頁。
〔註70〕 《民國日報》1916 年 6 月 4 日，第 2 張第 6 版。
〔註71〕 《民國日報》1916 年 5 月 23 日，第 2 張第 6 版。
〔註72〕 楊天宏：《政黨建置與民國政制走向》，社會科學文獻出版社 2008 年，第 39 頁。

敗這一良機，進行「削藩」，罷免粵、贛、皖三督後，接著收拾在二次革命中意存觀望的動搖分子，如湖南的譚延闓、浙江的朱瑞、雲南的蔡鍔、廣西的岑春煊等都被以不同藉口解除兵權，對黎元洪、張作霖、閻錫山等恩威兼施，使他們戰戰兢兢，不敢心懷異志。〔註73〕其時閻錫山早已意識到要想固位就要承認袁世凱的威權，抗袁只能是自討苦吃，於是轉變爲順從袁的權力意志。

那麼，閻錫山是眞心服從於袁或投靠袁呢還是另有他因？此是本節研究之興趣所在。本節利用大量檔案和報紙資料，探究袁世凱帝制案中閻錫山的行爲，以進一步澄清閻、袁關係，並對閻錫山政治品格做一學術探討，同時在此基礎上透視民國初年中央與地方的關係。目前學界對閻、袁關係有兩種認識。一種是「臉譜化」地斷定閻錫山背叛革命完全依附袁世凱，積極擁護袁世凱稱帝。〔註74〕另一種是在閻錫山傳記或相關研究中談到閻與袁的虛與委蛇。〔註75〕筆者覺得第二種認識相對較爲合理，但這一說法只是前人憑感覺蓋棺論定，並未對其做過嚴密求證和詳細論述，而且也缺乏詳實歷史依據。筆者通過翻閱一些新史料，發現閻出於對權力渴求和中央政府對其督晉認同，閻與掌控中央之袁世凱的關係若即若離，他是在洞見時勢變化的前提下「張弛」有度地與袁進行著「溫和性」博弈，而不是一味地忠誠於袁或投靠

〔註73〕 唐德剛：《袁氏當國》，廣西師範大學出版社 2004 年，第 104～105 頁。

〔註74〕 認爲閻錫山背叛革命投靠袁世凱的研究有：「閻錫山呈請袁世凱改共和爲君主及與此有關的三個電文，充分暴露出他的叛變革命、投靠袁世凱的醜態。」參見《閻錫山統治山西史實》（山西人民出版社 1981 年，第 59 頁）。又「據閻說，1916 年他被袁在山西的親信指控，差一點被作爲叛亂者槍決。雖然如此，當袁宣佈恢復帝制，登上皇位，成爲一個新朝代的創始者的時候，閻發誓擁戴，領受了一個一等侯貴族的頭銜，還把自己的雙親送到北京作人質，力圖表明他的忠誠。」參見《閻錫山研究——一個美國人筆下的閻錫山》（黑龍江教育出版社 1990 年，第 15 頁）。另有蔣順興、李良玉的《山西王閻錫山》（河南人民出版社 1990 年）和《閻錫山評傳》（中共中央黨校出版社 1991 年）也持這種觀點。

〔註75〕 陳芳認爲「袁世凱在位時，閻錫山在山西軍政建設方面表現得極其低調，基本上與袁保持步調一致，甚至委曲求全博得袁氏歡心。」參見《試析民國初年閻錫山的倫理道德觀》（《晉陽學刊》2011 年第 1 期）。臺灣曾華璧對袁世凱稱帝中閻錫山的行爲做了相對客觀的分析，認爲閻的行爲是懾於袁世凱的威權政治。參見《民初時期的閻錫山——民國元年至十六年》（臺灣大學出版委員會 1981 年，第 29～33 頁）。另持此觀點者還有雒春普的《閻錫山傳》（山西人民出版社 2004 年）。

袁。這種行為在袁世凱帝制自為中表現地尤為顯著，體現地是一種典型「認廟不認人」的政治品格，即閻只認可掌控中央「廟堂」的權力核心人物，而不會一味投靠於任何人。另通過透視這一個案，也可發現閻錫山不贊同「民主共和」，較為認同君主立憲國體，此與袁世凱對民國初期的政治感受略有相似，故在某種程度上閻還是很看好袁世凱的，且與袁交往中也有一些真實的誠意存在，並非完全是「虛與委蛇」或「委曲求全」。

袁世凱憑武力擊敗反對派，建立強制性權威，踢開國會，解除《臨時約法》對其限制，暗中操縱國會，使其被選為中華民國大總統，於 1914 年 5 月公布新約法，厲行中央集權，在中央成立統率辦事處，剝奪陸軍部、海軍部重要職權，將地方軍隊劃歸巡按使。袁這樣做是經過一整年親身體驗，確實體會到共和政體不適合中國國情，認為共和搞不下去，不如恢復帝制好。〔註76〕加之其子袁克定與楊度等帝制派唆使，袁世凱欲改變政體，將強制權威變為合法性權威。前文曾提及，二次革命中多數省份的中立態度也使袁深感憂慮，他覺得甚至北洋體系的軍人對他也非絕對服從，為獲得地方軍事實力派支持，袁要求閻錫山等進京述職。1915 年 2 月，閻錫山晉謁袁世凱，閻揣摩到袁集權心理，便大談自己感興趣的軍國主義，迎合袁塑造威權政治的想法。袁為得到地方實力派絕對忠誠，將閻錫山等各督軍家眷扣留於北京作為人質。

袁世凱推行中央威權初有成效後，遂開始帝制第一步，以「君主立憲」代替「民主共和」。8 月 20 日，北京成立推行帝制的御用團體籌安會，由楊度牽頭並任理事長，孫毓為副理事長，嚴復、李燮和、胡瑛、劉師培為理事，他們歪曲古德諾《共和與君主論》的立意，〔註77〕從法理論證並宣傳共和國體不合中國國情，電各省代表到京請願，欲行君主立憲。閻錫山接籌安會兩電敦促後，於 8 月 25 日覆電：「貴會討論國家安危根本問題，卓識偉論，無任紉佩。已遵囑派遣代表崔廷獻、南桂馨赴會討論，乞賜接洽，時盼教言。」〔註78〕可見閻也較為支持「君憲」，贊同袁世凱搞君憲。前文對此已有詳論，茲不贅述。

當時多數省份都支持搞民主立憲。不過，籌安會覺得僅憑省級政權支持

〔註76〕《袁氏當國》，第 98 頁。
〔註77〕同上書，第 160 頁。
〔註78〕《閻錫山統治山西史實》，第 59 頁。

君憲不夠，還需取得廣泛民意，於是動員民眾請願，要求速定君憲。爲快速取得成績，特將籌安會改爲「全國請願聯合會」，後又變爲「憲法促進會」。隨之全國立憲運動漸趨高漲，參政院一些政客也紛紛參與其間。爲響應立憲浪潮，閻錫山於 9 月 16 日再電參政院表示支持君憲，理由是「自立之道，非屬行軍國主義，不足以圖強。欲屬行軍國主義，非先定君主立憲，斷不能收上下一致精神貫徹之效。……此非謂假名君憲之足以強國，必君憲而後能屬行軍國主義，以圖自存，亦即維持東亞之和平也；且治國之要，順多數人民所趨向而措之則安，背多數人民所趨向而措之則危。今者，公民請願，如雲斯集，朝野上下，一致贊同。」〔註79〕

然而，請願團體終究未能改變國體，只好組織國民會議，並升格爲國民代表大會，由各省區、各行業選國大代表，舉行國大，投票決定。後爲加快投票進程，又將其簡化爲各地區國大代表就地投票，決定國體。〔註80〕10 月 8 日，公佈國民大會組織法，設立國民會議事務局，負責國民代表產生和投票。政事堂通電各省將國體決定權授予國民代表大會。國民會議事務局電催各省監督，擬定選舉國民代表與決定國體投票日期，上報當局。〔註81〕但將預擬時間上報國民會議事務局的只有貴州和奉天，〔註82〕大多省份處於觀望狀態。國民會議事務局只好再次電催各省將軍、巡按使，「擬定自本月二十八日起至十一月二十日止，爲全國分期決定國體投票期間。希由各監督就此期間內，酌擬日期。大約交通便利省份不妨稍早，交通不甚便利及籌辦選舉尚需時日省份不妨稍遲。」〔註83〕

遵照國民會議事務局安排，山西定於 10 月 31 日決定國體投票，上報國民會議事務局。〔註84〕國民會議事務局當即電閻等，要求舉行選舉投票之前，將認定有復選被選資格者姓名與資格撮要，具造清冊咨局，以便彙案宣佈。一旦時間緊迫，可一面電知，一面舉行投票，規定「國民代表大會投票，應即以君主立憲爲標題，票面應即印刷『君主立憲』四字。投票者如贊

〔註79〕 《閻錫山統治山西史實》，第 60～61 頁。
〔註80〕 《袁氏當國》，第 174 頁。
〔註81〕 《閻檔》（第一冊），第 156 頁。
〔註82〕 《閻檔》（第一冊），第 157 頁。
〔註83〕 《閻檔》（第一冊），第 160 頁。
〔註84〕 《閻檔》（第一冊），第 161 頁。

成君主立憲，即寫贊成二字；如反對君主立憲，即寫反對二字」，〔註85〕並建議「各地方國民代表對於代行立法院或中央政府表示意見，無論係用文書或用電報，其名義亟應劃一，以昭崇重。」〔註86〕至於國民代表大會票數，不宜直接上報大總統與立法院，應先上報國民會議事務局由其宣佈並轉達。國民會議事務局在同一天又特給閻錫山等發出兩電，「望屆選舉日再將一切情形電示」，〔註87〕和「關於國民代表大會選舉人並有復選被選資格者一項，經貴監督認定後，務希查照本局前電，先將姓名資格報局核覆」。〔註88〕

於是，各省投票表決國體，直隸、山西、湖北等 16 省投票結果經初步統計，贊成君主立憲者 1267 票，皆推戴袁世凱為皇帝。原定全國 2000 票，雖部分省份未完成投票，但據所得之票已占多數，皇帝制被確定為國體。〔註 89〕如此一來，閻錫山等支持的君主立憲在現實政治演變邏輯中卻轉為袁世凱的帝制，但閻真的支持「皇帝制」嗎？筆者以為閻錫山這種行為是受潮流推動與袁世凱威權作用的結果，而非閻之本意。後文將對這種推測做進一步論述。

袁世凱帝制自為暴露後，李烈鈞、岑春煊、胡漢民、汪精衛、柏文蔚與孫中山、陳其美、許崇智合力，推舉岑春煊為首領，決定 3 個月內，先在揚子江流域起事，編印全國同胞救亡書，分寄各處鼓動軍隊。〔註90〕日本代理公使小幡酉吉約同英公使、俄公使，於 10 月 28 日赴外交部，鑒於上海、長江一帶及南方各處反對帝制聲浪，也勸袁世凱暫延帝制，以防中國政治秩序再陷混亂。〔註91〕雲南唐繼堯與任可澄於 12 月 23 日發出電函，首先反對帝制、勸袁取消帝制、維護共和國體、并立即懲辦亂國要犯楊度、孫毓筠、嚴復、劉師培、李燮和、胡瑛、段芝貴、朱啓鈐、周自齊、梁士詒、張鎮芳與袁乃寬等。〔註92〕24 日，蔡鍔等通電要求「立將段芝貴諸人明正典刑，並發明令，永除帝制。」〔註93〕唐繼堯、蔡鍔等還特於 25 日再次通電，揭露袁世

〔註85〕《閻檔》（第一冊），第 163 頁。
〔註86〕《閻檔》（第一冊），第 164 頁。
〔註87〕《閻檔》（第一冊），第 165 頁。
〔註88〕《閻檔》（第一冊），第 166 頁。
〔註89〕《閻檔》（第一冊），第 172 頁。
〔註90〕《閻檔》（第一冊），第 173 頁。
〔註91〕《閻檔》（第一冊），第 170～171 頁。
〔註92〕《閻檔》（第一冊），第 187～188 頁。
〔註93〕《閻檔》（第一冊），第 190 頁。

凱帝制罪行，希望各地同申義憤，相應鼓桴，擁戴民國，驅除「叛國之袁世凱」。〔註94〕此電當即遭到段芝貴、王占元、陸建章、朱瑞與楊善德等人討伐。〔註95〕

王占元、朱瑞、湯薌銘、孟恩遠等聯絡閻錫山，希望閻能斥責雲南出爾反爾、先前支持君主立憲，但國體定為帝制之時，雲南即自甘戎首，反對袁世凱稱帝，冀其一致聲討唐繼堯。〔註96〕除擁袁派筆伐反帝制派外，袁又派曹錕率軍入川，取道西滇，鎮壓唐繼堯。〔註97〕此時閻錫山則觀望形勢變化，不隨意妄言，然帝制大典籌備處卻給閻施加壓力，連續兩日給他發來兩電，述說唐繼堯等罪行，認為唐違反全國國民公意，要求閻將此意設法由國民代表大會電請參政院，建議政府，宣佈唐、任等罪狀，以憑此興師討伐，〔註98〕同時要閻直接電滇，痛責唐、任，勸其服從中央，取消獨立，如其不從，則將興師討伐。〔註99〕閻錫山對此的應對是於29日覆電北京政事堂，表示支持中央決斷，願詆毀唐、任不忠行為，〔註100〕但他並未如政事堂所願直接通電聲討滇省，而是為維持晉省穩定政治秩序、防止孔庚傚仿唐繼堯宣告獨立，於是將滇省最新情況電告孔庚等，「頃據貴陽劉護軍使（顯世）電稱：『密報，近日亂黨到滇極多，閒散軍人亦紛紛麕集。惟滇軍官省界之見極重，此時氣焰更熾，畛域愈甚，如因應得法，內部行將分裂。』」〔註101〕閻的意圖旨在告知孔庚等滇省獨立不會維持太久，暗示孔庚等不要在山西有所舉義行為。

滇省發出宣告獨立電後，馮國璋以主和電響應，認為「滇亂已成，筆舌固難收效，即時重煩兵力，而邊險究非旦夕可平。值此時機，總以不開兵禍為上策，內訌不靖，影響實多。黔電以調處為言，鄙人深表同意。倘能和平解決，則保全不僅一隅。諸公遠矚高瞻，當亦早鑒及此。」〔註102〕閻錫山接

〔註94〕《閻檔》（第一冊），第195頁。

〔註95〕《閻檔》（第一冊），第191～203頁。

〔註96〕《閻檔》（第一冊），第199、204、213頁。

〔註97〕《閻檔》（第一冊），第235～236頁。

〔註98〕《閻檔》（第一冊），第236頁。

〔註99〕《閻檔》（第一冊），第249頁。

〔註100〕曾華璧：《民初時期的閻錫山——民國元年至十六年》，臺灣大學出版委員會1981年，第31～32頁。

〔註101〕《閻檔》（第一冊），第247頁。

〔註102〕《閻檔》（第一冊），第249頁。

到劉電和馮電後，未主動表態，而是於 12 月 31 日將劉顯世電與馮國璋電內容，轉電統率辦事處。〔註 103〕他這樣做的原因：一是仍不敢得罪袁世凱；二是告知帝制派袁集團中已有人力主和解。

就在對滇問題上主和與主武爭論不休之際，〔註 104〕陸建章、陸榮廷等認為袁世凱早日登極，是解決時局糾紛的良方。為此，帝制派朱啓鈐等再次電閻錫山，催其電參政院擁戴袁早日御極。迫於袁的威權和袁集團的壓力，閻由先前贊成「君主立憲」開始轉為擁護袁世凱帝制，在 1916 年 1 月 9 日電覆朱啓鈐，「晉省國民代表曾於歌（5）日電政事堂，吁懇皇上速登大位在案。茲覆電參政院轉奏，請早日御極。」〔註 105〕25 日，大典籌備處覆電閻錫山，告其法理上的帝國皇帝已完全成立、典禮遲早無關緊要、關鍵是設法申明此義，使上下曉然釋去疑慮，使人民安心。〔註 106〕不久，針對袁世凱稱帝，社會上聯邦說再度興起，政事堂電各省將軍嚴屬查禁，以遏亂萌。〔註 107〕接電後，閻錫山表現得相當積極，當即電政事堂等部，「聯邦謬說為亂黨所造，晉省尚無此讕言。除飭查禁外，特以奉聞。」〔註 108〕

與此同時，滇省形勢陡變，1915 年 12 月 23 日蔡鍔、唐繼堯等電勸袁取消帝制，限時答覆，如在 25 日上午十點前未得袁答覆，雲南則宣佈獨立。〔註 109〕隨之，唐繼堯、蔡鍔等在雲南組織護國軍，通電全國，聲斥袁帝制惡跡，呼籲各省將軍維護「共和」，剷除帝制餘孽，討伐袁世凱。〔註 110〕為對抗袁政府，1916 年 1 月 1 日，中華民國護國軍政府在昆明正式成立，雲南取消將軍行署、巡按使署，改為都督府，推舉唐繼堯為中華民國軍政府都督。〔註 111〕於是南北呈現出兩個政府對峙情形。貴州也響應獨立，誓將討滅袁部，同心擁護「共和」。〔註 112〕廣西陸榮廷出於地緣因素考慮，為免除

〔註 103〕《閻檔》（第一冊），第 260～262 頁。
〔註 104〕《閻檔》（第一冊），第 262～289 頁。
〔註 105〕《閻檔》（第一冊），第 289 頁。
〔註 106〕《閻檔》（第一冊），第 291～292 頁。
〔註 107〕《閻檔》（第一冊），第 294 頁。
〔註 108〕《閻檔》（第一冊），第 302 頁。
〔註 109〕《中華民國史檔案資料彙編》第三輯（二），江蘇古籍出版社 1991 年，第 277～278 頁。
〔註 110〕曾業英：《蔡松坡集》，上海人民出版社 1984 年，第 853～856 頁。
〔註 111〕《中華民國大事記》（一），第 410 頁。
〔註 112〕《中華民國史檔案資料彙編》第三輯（二），第 290～292 頁。

護國軍對其進攻，也由先前擁護君主立憲與袁世凱稱帝轉變爲反對帝制，於 3 月 15 日通電，「誓除專制之餘腥，重振共和之約法。」〔註 113〕

爲使西南省份取消獨立，維繫一個中央政府，袁世凱做出讓步，下令撤廢帝制。〔註 114〕朱瑞、趙倜、倪嗣沖、靳雲鵬、李厚基與段芝貴等通電響應，其中靳雲鵬、李厚基等主張讓馮國璋調停，以使三省取消獨立。〔註 115〕但西南息兵條件是除撤銷帝制外，還要袁退位。〔註 116〕馮國璋對此做出回應。〔註 117〕面對劇變形勢，閻錫山意識到袁之嫡系已有挑戰袁的動向，於是他也由支持袁向離棄袁轉變。他轉變的另一因素是西南諸省抗袁獲得成效、護國軍規模逐漸擴大，日益向北推進，而袁控制的各省都在做口頭和書面調解，並未眞正出兵討伐西南，特別是袁嫡系部屬馮國璋等亦在調解，逼袁退步。緊跟形勢變化，閻認爲和解將是解決西南與中央政爭的最好方式，於 3 月 28 日電覆黎元洪、段祺瑞等「陸將軍（陸榮廷）既願任勸告，滇黔諸人定當翻然悔悟，消弭戰禍，不煩甲兵，至於保境輯民之責，錫山更當力爲擔任」。〔註 118〕此後在天津朱家寶等人的促和下，西南與中央關係漸趨緩和，蔡鍔同意在川境及湘西方面，滇黔各軍停戰一月，以便協商。〔註 119〕閻隨即將此消息電告大同鎮守使孔庚與平陽鎮守使董崇仁，安撫部將心態，防止他們兵變，〔註 120〕同時又爲避免外省進攻，與西安陸建章達成協議，「秦晉唇齒相依，仰荷我公保障，西北受賜實多，承示以親仁善鄰相期，金石之言，銘之座右。」〔註 121〕

穩定後方根據地後，閻錫山便以「和事佬」身份，追隨馮國璋敦促南北和議。當馮國璋以天津朱家寶等所擬協議領銜電袁後，閻當即覆電表示贊同，略謂：

> 承示所擬辦法大綱八條，力息紛爭，奠安全局，碩劃卓議，極表贊同。我公中流砥柱，挽回危運，私心佩仰，莫可名言。既得徐

〔註 113〕《閻檔》（第一冊），第 307 頁。
〔註 114〕《閻檔》（第一冊），第 309～310 頁。
〔註 115〕《閻檔》（第一冊），第 311～316 頁。
〔註 116〕《閻檔》（第一冊），第 324 頁。
〔註 117〕《閻檔》（第一冊），第 326～328 頁。
〔註 118〕《閻檔》（第一冊），第 318 頁。
〔註 119〕《閻檔》（第一冊），第 333 頁。
〔註 120〕《閻檔》（第一冊），第 334 頁。
〔註 121〕《閻檔》（第一冊），第 330 頁。

世昌、段祺瑞、黎元洪、王士珍、蔡鍔諸公同意，南北融洽，自能
一致進行，以鞏國家。即請我公主擬電文，領銜入告，附列賤名，
無任企禱。〔註122〕

馮國璋和議得到多省支持後，於 25 日再次通電，商擬提前和議辦法。閻錫
山覺得馮派較有實力，想親近馮，但又擔心計謀失算，遂在 4 月 26 日電武
昌王占元，徵詢王對馮所擬提前和議辦法持何種態度？以便於他決策。王對
馮電極表同情，主張「元首退位，關係國家安危，無論如何，惟有一致擁
衛」。〔註123〕閻得王建議，當即電覆馮國璋，同意籌擬妥善辦法，並要馮將
所擬和議條件電告於他。〔註124〕

　　不過，對於帝制善後，北京政府及其部屬卻形成兩個中心，段祺瑞責任
政府召集北京會議，馮國璋主張召集南京會議。各爲勢力範圍計，將以前徐
樹錚居間密商的條件失效。〔註125〕馮國璋拋開北京政府與制度層面解決途
徑，與張勳提出應對時局辦法 8 條，但這 8 條又不完全符合馮的意圖，後經
修改又重新提出 8 條，〔註126〕主要內容是反對黎元洪以副總統資格繼任總
統，主張以袁爲過渡總統，召集新國會產生新總統，馮欲以自立。馮電發出
後，遭北洋軍人在內其他派系的強烈反對。馮則處於騎虎難下之勢，只好於 5
月 5 日聯合張勳與倪嗣沖，私自召集拉攏各省督軍及其代表在南京會議，逼
袁退位。〔註127〕

　　閻錫山認爲馮國璋和段祺瑞勢力較大，二者都有可能成爲袁世凱的接班
人，故對段、馮兩派都給予配合，閻電張勳將派秘書崔廷獻爲全權代表，赴
寧參加會議，〔註128〕同時又電覆段祺瑞將妥選議員 3 人，如期赴京與會。
〔註129〕不過，閻對段、馮實力再做估量後，覺得馮派勢力較強、可能繼袁
世凱後控制北京政府，於是囑咐崔廷獻在南京會議上代表晉省表態，可表明

〔註122〕《閻檔》（第一冊），第 341 頁。
〔註123〕《閻檔》（第一冊），第 354 頁。
〔註124〕《閻檔》（第一冊），第 356 頁。
〔註125〕《民國日報》1916 年 5 月 13 日，第 1 張第 2 版。
〔註126〕《中華民國史檔案資料彙編》第三輯（二），第 451 頁。
〔註127〕陶菊隱：《北洋軍閥時期史話》（第二冊），北京三聯書店 1957 年，第 214～
　　　　216 頁。
〔註128〕《閻檔》（第一冊），第 387 頁。
〔註129〕《閻檔》（第一冊），第 396 頁。

兩點：一是保持地方治安，二是服從南京會議公決辦法。〔註130〕據崔廷獻
報告會議結果，袁世凱自願退位，5 月 17 日的南京會議各方勢力各有企圖，
南軍主張袁退位，張勳主張不退，馮派主緩退，而袁世凱還特意派蔣雁行赴
南京監視馮，南軍打算推段祺瑞爲副總統。梁啓超意思是「大總統退位，副
總統代之，副總統如不承，依法以國務總理攝政」，馮對此不以爲然。〔註131〕
大會只好初步議定袁世凱退位歸國會解決，但 22 日第四次會議上，魯省、
贛省、湘省代表對國會解決與武力解決也力持異議，鄂省代表表示用兵之
難，各省沒有形成統一意見，仍各行其是。〔註132〕

　　承前文所述，南京會議未能解決帝制善後，各派所持政見分化愈益明顯。
閻錫山掌握這一動態後，仍按兵不動，繼續觀望形勢，並給張勳覆電仍做挽
留袁世凱姿態，「固結團體，挽留元首，抱定宗旨，始終不移。已電知敝處前
派代表崔廷獻，堅守此意，絕無遊移。」〔註133〕此時閻爲何要發出挽留袁電
呢？平心而論，從帝制善後之解決看閻錫山，閻選擇的是「違心從眾」的社
會行動。〔註134〕他在與中央、各地方實力派的通電中力主和平解決，但事情
未能如願時，他又試圖重新拾起與袁的關係，以保證利益不致受損，然又不
像從前一味地討好袁，而是繼續觀察形勢變化。可是當時山西反袁帝制的呼
聲已十分強烈。事實上，在西南諸省獨立風潮掀起時，山西就有一股獨立暗
流在醞釀，前文對此曾有提及，而閻對孔庚等的獨立心知肚明，卻並不將其
撲滅，而是利用這一力量打擊他在晉省的反對派金永勢力，避免山西因獨立
導致政治秩序混亂，同時也意想藉此在袁帝制失敗時，在晉人面前表達他早
有反對帝制的心理。其時的報紙對閻這一心理做了充分書寫：

　　　　山西將軍閻錫山素抱反對帝政思想，該省獨立準備早已籌劃，
　　　然因巡按使金永爲袁系之人物極力擁護中央，贊成帝政，兩者之間，
　　　常有牴牾，而獨立之機運，遂因之緩慢，至最近反袁派之聲勢漸振，
　　　一部分之青年，以四月十五日爲期，暗殺金巡按使，一掃獨立之障

〔註130〕《閻檔》（第一冊），第 403 頁。
〔註131〕《閻檔》（第一冊），第 401～402 頁。
〔註132〕《閻檔》（第一冊），第 409 頁。
〔註133〕《閻檔》（第一冊），第 411 頁。
〔註134〕違心從眾，即明知不對或内心不願意但行動上仍然從眾。個人或團體發生違
　　　　心的從眾行動，是屈服於社會壓力的結果，是促使自己的一種消極行動方式。
　　　　參見朱力等：《社會學原理》，社會科學文獻出版社 2003 年，第 45 頁。

礙。嗣爲巡按使部下之警官探知，極力防備遂得無事，但金巡按使
知反對派之欲甘心於彼，乃大生恐懼，忽改變態度，頻與閻將軍接
近，以負其歡心，而亦主張反對袁氏，如於十九日召集該省之高級
官吏及各學校校長會議，決定宣佈獨立。然至今日尚未發表者，則
以京張、張綏兩路線接近。該省之太原附近，北京之兵朝發夕至，
山西兵力薄弱，慮獨立後，仍歸失敗，加之一般商民希望平和，故
各官紳熟議後，決意維持現狀，觀四圍各省之態度，一遇時機，即
宣言獨立云。〔註135〕

然另據報紙透露山西反袁勢力已紛紛出現，閻錫山也在向公開抗袁行進。如
部分軍隊確已採取實際行動反袁，壽陽民軍大舉，聲勢甚盛。〔註136〕晉北鎮
守使孔庚於5月14日在大同府宣告獨立，要求袁退位，北京政府下令調其充
任同武行署參謀長，奪其兵權，〔註137〕閻錫山於15日急電北京政府，要其堅
守山西大同獨立秘密，〔註138〕以防山西其他地方傚仿。陝南陳樹藩獨立後，
山西獨立呼聲漸趨緊迫，軍隊中下級軍官多屬新人物，經民軍各方運動，其
勢力日漸壯大。〔註139〕山西軍界多數主張與陝取同一態度，如閻無決心，即
舉孔庚代之。〔註140〕而孔庚也力促閻下決心宣告獨立，勿待第1師之到，蹈
湯薌銘覆轍，閻不得已只好口頭答應獨立。〔註141〕袁世凱深恐閻與孔庚聯合
實行獨立，到時更難挽救，況晉省爲京師西南最重要門戶，略有變動將影響
大局，故特擬密派振威上將軍張錫鑾赴晉宣慰，以收萬一之效。〔註142〕

形勢變得更爲嚴重地是陝西民軍與山西邊境軍隊聯合，將蒲州至太原電
線切斷。〔註143〕面對此情，山西巡按使金永密電袁，「晉省受秦省獨立影響，
大局岌危已達極點，並力請辭職，以讓賢能，而免貽誤地方。」〔註144〕閻錫
山也加急密電袁，「秦軍已入晉省，而河東一帶人民響應陝西護國軍者尤居多

〔註135〕《民國日報》1916年5月4日，第2張第7版。
〔註136〕《民國日報》1916年5月10日，第1張第2版。
〔註137〕《民國日報》1916年5月18日，第1張第2版。
〔註138〕《民國日報》1916年5月17日，第1張第2版。
〔註139〕《民國日報》1916年5月21日，第2張第6版。
〔註140〕《民國日報》1916年5月22日，第1張第2版。
〔註141〕《民國日報》1916年5月24日，第1張第2版。
〔註142〕《民國日報》1916年5月23日，第2張第6版。
〔註143〕《民國日報》1916年5月24日，第1張第2版。
〔註144〕《民國日報》1916年5月26日，第2張第6版。

數，晉省兵力單薄難以抵禦，請速派兵相援，否則山西大局不保」。時人以為閻此種舉動是宣佈獨立之預兆，實際是因閻知京師無兵可撥，故聲明中央如不速派兵援助，山西將大局不保，給袁施加壓力。袁世凱對於山西獨立問題決定用調虎離山計，假名政府欲收復陝西，特調閻錫山為陝西將軍兼巡按使，讓其親信段芝貴出任山西將軍，添調軍隊歸段統轄，以坐鎮山西。閻錫山深知已被袁懷疑，於是更不肯離晉赴陝。〔註145〕

　　與此同時，晉紳名流李素亦致電閻錫山，力勸閻宣佈獨立。並且李在電文中分析了閻當時的複雜心態：一是閻懾於袁實力，不敢起兵討袁，但又不同意晉省其他反袁勢力舉旗討袁，以防其他勢力坐大，成為地方之患。二是閻想騎牆，觀望形勢，擔心一旦舉措不慎，將招致不測。李在洞悉閻的矛盾心理後，勸閻不要猶豫，迅告獨立。其理由是「將軍握晉柄四載有餘，無大失德，今日之事，雖已後時，然晉人對將軍猶未絕望，若因擁護一普天唾棄之袁氏，執迷不悟使人人疑心，處處側目，甚為將軍不取也。袁氏之倒，雖三尺童子猶能知之，盜竊之手段已窮，乞憐之狀態畢露，將軍乃低首下心於將亡之民賊，若恐一朝脫離關係，即立招不測，而不知噬臍之禍即伏於此也，時不再來，機不可失，今不亟圖，悔無及矣。」〔註146〕

　　閻錫山雖未採納李素獨立之見，但發現晉紳名流是較為支持他的，於是他採取鬥爭策略變相地反抗袁世凱。當山西與陝鄰境之永濟、榮河、禹門、臨津、吉縣、河津等縣遭陝西護國軍攻擊後，數縣先後失守，太原人民也躍躍欲動。〔註147〕此時閻仍不輕易宣告獨立，而是利用這一時機，與袁談條件，詳述由於籌款困難無法撲滅山西獨立勢力，要求袁給予更多款項。袁為防止山西獨立，只好向閻讓步，再次派金永赴晉授以鉅款，令其阻攔獨立進行，並覆電慰解閻，授金永幫辦山西軍務以箝閻口。〔註148〕然因全國倒袁事態發展迅猛，袁世凱已沒有時間與閻錫山角逐，只得於6月6日遵照約法第29條，宣告以副總統黎元洪代行中華民國大總統職權，由段祺瑞通告全國。〔註149〕

〔註145〕《民國日報》1916年6月5日，第2張第6版。
〔註146〕《民國日報》1916年6月4日，第2張第7版。
〔註147〕《民國日報》1916年6月8日，第2張第6版。
〔註148〕《民國日報》1916年6月6日，第1張第2版。
〔註149〕《中華民國史檔案資料彙編》第三輯（二），第480頁。

　　時隔不久，袁世凱鬱悶而死。袁的離去，使閻錫山擺脫了袁的威權束縛。再面臨新政府時，閻爲固位，與幕僚計議，決定親近「新廟堂」，急派代表入京晉謁黎元洪與段祺瑞，對黎說：「錫山知總統無親信兵隊，願以一旅入衛」，而對段又說：「北京軍人不皆附公，願以一旅入衛，並表示願推戴段爲大總統之至誠」。這一做法遭到段的斥責，於是閻請命孔方，急遣其叔岳徐一清帶大洋 25 箱入京，每箱 5 千元，用以賄賂北京政府要人，〔註150〕以獲中央政府對其信任。這樣做的結果使閻錫山再次融入了新「廟堂」。1916 年 7 月 6 日，大總統特令，各省督理軍務長官改稱督軍，民政長改稱省長，所有職權組織暫仍其舊，仍任閻錫山爲山西督軍。〔註151〕

　　概言之，閻錫山自認爲「共和」體制不適合中國實情，力挺「君主立憲」。不過，當時普遍存在的這一政治傾向被帝制派利用，袁世凱進行帝制自爲。閻錫山面對袁威權，他的政治態度緊隨時勢變化而改變，與袁保持一種「認廟不認人」的關係。閻這種「認廟不認人」的政治技術手段，使他避免了袁世凱集團的排擠，同時也擺脫了帝制失敗時應受到的牽連，從而延續了他的政治生命，繼續他在山西的統治。此外，從閻錫山出生環境看，他從小飽讀儒家經典，受儒家價值體系影響至深，應該是很「忠君」的那種類型，但其政治品格卻違背儒家「君爲臣綱」的倫理教條，表現出強烈的政治實用主義風格。試想他何以會具有這樣一種政治品格？從環境與人之關係加以探討，閻成長時期之中國日益走向衰亡，西方思想對中國影響深遠，中國社會精英開始質疑儒家價值體系，漸趨認同西方學說，期望以西學拯救中國走出困境。加之閻曾留學日本，深受具有西化色彩的日本影響，故他對儒家秩序也較爲懷疑，進而轉爲認可「中學爲體西學爲用」之說，將實用主義作爲他社會行爲的指南。以此來講，我們就不難理解閻錫山「認廟不認人」的政治品格。而且他的這種政治品格也說明清末民初儒家傳統秩序已受極大衝擊，在西化影響下正趨消亡，儒家價值體系對士人的思想禁錮日趨被打破，傳統價值觀不再被時人奉爲千古不變的教條。另外也表明在新舊交替的急劇轉型期，舊價值體系遭到破壞，新價值體系又未建立，社會價值觀嚴重失範，所以時人在某些方面的行爲，往往表現的是屈從於利益取向的價值選擇。

〔註150〕《民國日報》1916 年 7 月 5 日，第 1 張第 3 版。
〔註151〕《民國日報》1916 年 7 月 9 日，第 1 張第 3 版。

第二節　趨新中的保守：晉省的政治態勢

一、派系的權力爭奪與調適

　　繼袁世凱後，黎元洪執掌民國北京政府。1916 年 7 月 6 日，黎元洪特令各省督理軍務長官改稱督軍、民政長改稱省長，所有職權組織暫仍其舊。〔註 152〕閻錫山被任命為山西督軍、沈銘昌為山西省長。〔註 153〕沈銘昌任山西省長一職，遭到山西人的強烈不滿。當沈被任命為山西省長的消息發佈後，山西國會議員紛紛函電民國北京政府，請求撤免沈銘昌省長一職，另簡任其他賢能之士。〔註 154〕山西籍士紳階層也激烈反對沈任山西省長，如：張瑞璣、溫壽泉、劉盥訓、侯元燿與范天民直接致電沈銘昌，勸其放棄晉省省長一職，認為沈的品行較差且是帝制派的堅決擁護者，「公帝黨中健將也，帝制若成，我公公侯萬代矣，國人誰敢有異言，不幸碩籌失敗，項城殞命，以公之忠，即不殉節，亦當隱身，今復覥顏市朝，急露頭角，公之德最令人傾倒不已，剝民逞欲導君為逆公之仁也，朝亡偽帝，暮投民國，公之義也，煌煌大典春夢一場，公之智也，帝國民國覆雨翻雲，公之信也，有此四德，公何地不可旌節勿臨太原，三晉父老齊拜賜矣，掬忱相告，公必樂。」〔註 155〕

　　此外，山西名流李素也請求閻錫山協同商、學各界，抵制沈氏入晉。〔註 156〕不久後，張瑞璣、溫壽泉、劉盥訓、李素、侯元燿、石璜、劉祖堯、范天民、仝啓再次致電沈銘昌，對其冷嘲熱諷，勸其打消入晉念頭，電文語言可謂刻薄尖銳，「公引鏡自照，醜態何如，必抵死欲作人眼中之釘，何不恕也。為公計，即不官晉，未必無噉飯之地，即中國各省，均不容公作官，未必無可耕之田，若必如滬上娼婦視忽浴為常事，今日從良，明日下堂，嗚呼誤矣。公不誠知有廉恥，公豈不知有利害前途在，望公善圖之。」〔註 157〕那麼，何以山西人對異籍人士沈銘昌百般抵制，究其原因一是緣於沈是帝制派的擁護

〔註 152〕《中華民國大事記》（一），第 439 頁。
〔註 153〕《民國日報》1916 年 7 月 9 日，第 1 張第 3 版。
〔註 154〕《民國日報》1916 年 7 月 16 日，第 1 張第 2 版。
〔註 155〕《民國日報》1916 年 7 月 12 日，第 1 張第 2 版。
〔註 156〕《民國日報》1916 年 7 月 12 日，第 1 張第 2 版。
〔註 157〕《民國日報》1916 年 7 月 16 日，第 2 張第 7 版。

者，二是由於山西人的排外和內部派系間的權力爭奪。

　　令人驚訝地是沈銘昌當時並未被山西人的排外主義嚇倒，而是仍赴晉任職，然在晉省卻遭到了排擠，他只好於 10 月 7 日辭職離晉。沈離職後，黎元洪特任孫發緒爲山西省長，在孫未到任前，由山西省政務廳長孫世偉暫行代理。孫發緒赴任後，亦遭到閻錫山等人的排擠。據報載「孫發緒以奉職無狀，懇請罷斥，元首已有允意，免職令不日當可發表，其實孫在晉省不見容於晉人，故不得不去，但晉既獨立，政府縱派人接替亦紙上空文耳。」〔註 158〕孫被擠走後，閻錫山覺得山西在名義上屬於軍民分治省份，軍政與民政是分開的，民國北京政府遲早會派專人來接掌民政事務，一旦異己者掌控晉政，他的權力必大受牽制，所以閻決定採取先發制人之計，特派山西實業廳長趙炳麟攜帶鉅資到京活動，活動的目標是以趙任晉省省長，如果這樣做能夠成功，晉省名義上雖屬分治，但趙氏是聽從閻指使的，而實際掌握晉省權力者仍爲閻錫山。通過這樣一種「換湯不換藥」的變通辦法，山西的權力在形式上發生了轉移，實質上仍如其舊，而且別的勢力或集團對閻掌握晉省實權也無話可說。〔註 159〕

　　閻錫山採取「合法性」手段獲得晉省大權的同時，還爲謀取民國北京政府更多支持而選擇上層「拜權」路線，〔註 160〕盡力向中央實權人物靠攏。如 1917 年 7 月 16 日，他致電國務總理段祺瑞，表示將派晉籍駐京士紳田應璜晉謁，報告地方情形和善後事宜，請段予以接見，並指授一切。〔註 161〕19 日，他得田應璜覆電，詳述拜見段祺瑞之情形，及段對他的好評。〔註 162〕此後由於民國北京政府內部派系間權力紛爭，黎元洪不得不辭去大總統職務，導致中央上層勢力圍繞總統職位展開博弈，馮國璋勝出。就此事，閻錫山較爲支持馮國璋，發出擁護馮國璋電，〔註 163〕並要田應璜在馮國璋 8 月 1 日入京時前往歡迎。〔註 164〕正如前文中所講的閻錫山利用他這種「認廟不認人」

〔註 158〕《晨鐘報》1917 年 6 月 8 日，第 3 版。
〔註 159〕《晨報》1920 年 11 月 20 日，第 3 版。
〔註 160〕此處之「拜權」係受南京大學馬俊亞教授上課時所講內容啓發，筆者也認同他的觀點，即在物欲與權欲的誘惑下，人類眞正受到了「拜物教」與「拜權教」的奴役。
〔註 161〕《閻檔》（第二冊），第 663 頁。
〔註 162〕《閻檔》（第二冊），第 665 頁。
〔註 163〕《閻檔》（第二冊），第 665～666 頁。
〔註 164〕《閻檔》（第二冊），第 672 頁。

的政治品格與政治活動能力，爲他政治目標的實現獲得諸多便利條件。例如：他與段祺瑞、馮國璋間的「親密」交往，爲他順利得任晉省省長一職奠定了基礎。9 月 7 日，閻錫山兼省長職，屬行新政。他在晉省的新政與西南諸省相比，二者多有相似之處，不同之處是粵、湘、川、滇、黔提倡平民政治。而閻氏主張開明專制，對於全省表面上取集權於中央的辦法，實際上爲個人獨斷性的地方自治，對於庶政則取集權於一人之辦法。〔註165〕自此，山西的軍民大權由閻錫山一人掌控。閻在法統上獲得中央對其督晉的認同後，遂在山西內部推行個人集權，進一步鞏固和擴充了他掌晉的地位與權力。

閻錫山的個人集權加速山西政治地方主義的成長，加劇了中央與山西地方的博弈，使得中央權力在地方強勢面前顯得相當微弱，出現並形成行政區域化的明顯勢頭。民國北京政府中央部門對晉省政治在很大程度上沒有決策權，而一切政令皆須經過閻錫山首肯。如時任財政總長的梁啓超想調離晉省財政廳長朱善元，讓朱赴京任他職，卻遭到閻錫山的拒絕。閻堅持朱善元繼任山西財政廳長，認爲「朱廳長善元才長心細，財政事宜辦理悉臻妥協，物望允孚。現在地方秩序甫復，正資籌劃進行，未便聽其引退。」〔註166〕梁啓超無奈，只好由朱善元任舊職。〔註167〕當新任山西教育廳長李步青準備辭職之說傳開後，閻錫山即於 9 月 17 日致電教育部范源濂總長，向其推薦他的親信楊兆泰、崔廷獻與張端由等，建議從他們當中選任晉省教育廳長。〔註168〕但范源濂反對由晉人掌控晉省教育大權，理由是「此次簡任各教育廳長均避本籍，明令改任虞君銘新，曾視察晉省學務，情形尙爲熟悉，虞君蒞晉，務懇隨時指導。」〔註169〕基於范的堅決反對，閻錫山暫將委任其親信一事作罷，但後來還是採取各種手段，迫使虞銘新離職，讓山西人馬駿掌管了晉省的教育權力。

由此可見，在中央與山西地方的權力博弈中，中央是處於頹勢的，而代表山西的閻錫山是步步緊逼的。而且我們從中也看到了閻錫山是如何在與中央層面交往的情況下走向集權，以及山西政治地方主義的擴張。接著將探討晉省的政權結構，以探究閻錫山掌控下晉省的政治態勢和內部的權力調適。

〔註165〕《晨報》1922 年 2 月 18 日，第 5 版。

〔註166〕《閻檔》（第四冊），第 582～583 頁。

〔註167〕《閻檔》（第四冊），第 585 頁。

〔註168〕《閻檔》（第四冊），第 585～586 頁。

〔註169〕《閻檔》（第四冊），第 587 頁。

晉省自辛亥革命後就採用了「民主共和」的體制結構，省政府由政務廳、財政廳、教育廳、實業廳、河東鹽運使署、晉北榷運局、高等審判廳、高等檢察廳、警務處、警察廳、冀寧道、雁門道、河東道組成。山西省長公署管轄全省民政各官與巡防警備等隊，並受政府特別委任還監督財政與司法行政，以及其它特別官署的行政事務。公署設政務廳長 1 人，內設第一、第二、第三、第四等科，閻錫山兼任晉省長，政務廳長為山西新絳人楊兆泰。財政廳直隸於財政部，置廳長 1 人，管理全省財政，監督所屬職員，廳長由時任山西官錢局兼晉勝銀行監理官朱善元擔任，朱氏是浙江杭縣人，因朱善於理財，所以一直能夠得到閻的器重。

　　教育廳直屬於教育部，設廳長 1 人，但要秉承省長命令，執行全省教育行政事務，監督所屬職員和辦理地方教育的各縣知事，廳長虞銘新是浙江鎮海縣人，上文已提及他是由教育部直接任命的，後由閻錫山安排馬駿接任。實業廳直屬於農商部，置廳長 1 人，秉承省長執行全省實業行政事務，監督所屬職員和辦理地方實業的各縣知事，廳長是廣西全縣人趙炳麟。河東鹽運使署鹽運使是吉林吉林縣人金鼎勳，科長王鏡明，解池場知事何兆松。晉北榷運局局長是江蘇淮安人王其康，併兼晉北收稅局收稅官。高等審判廳廳長是浙江桐鄉縣人徐維震，高等檢察廳檢察長是江蘇吳縣人王慎賢，全省警務處處長是山西寧武人南桂馨，併兼省會警察廳廳長，冀寧道道尹是直隸玉田縣人孫奐侖，雁門道道尹是河南商城縣人尹方貞，河東道道尹是山西人馬駿。〔註170〕從晉省權力結構看，政府各要職由不同省籍人士擔任，晉籍人士在政府的影響不是很突出，而且其所佔比重也很小，但其中的幾大要職是完全由晉人控制的。當時這種權力分配存在的原因是由於閻錫山剛出任省長一職不久，他雖有加強個人集權的想法，但鑒於中央政府的情面，一上臺還不敢肆無忌憚地排擠外鄉官員，反而將外籍人在山西任職的現象作為政府開放的一種點綴。

　　隨著閻個人權力的鞏固與集權的強化，他開始逐漸用其親信更換各個要職的外籍官員，進行大規模排外。閻排外意識十分強烈，容不得外籍人士在晉擔任要職。自 1918 年始，閻錫山在山西提倡並發動排外運動，借外省人不十分瞭解山西一切風俗習慣為名，辦事不免扞隔，開始進行排外。隨之閻的

〔註170〕《山西督軍公署花名冊》B13-1-3，太原：山西省檔案館。

部屬起而附和，企圖造成晉省「清一色」山西人的政局。最早可追溯到金永任山西巡按使時，外省人在山西任職較多，但閻錫山掌晉政後，晉政府幾乎完全為晉北人閻派把持，外省人站不住腳，紛紛退出娘子關，而且就連晉南人也時常受到冷落。山西實行排外主義的首領是閻錫山，暗中主持並進行積極推動的是河東道尹崔廷獻與第 4 混成旅長趙戴文兩人。崔廷獻這個人較有心計，人也很狡猾，有「陰謀家」之稱。趙戴文貌似「村學究」，頗有城府，常常嘴上掛一句口頭禪「山西者咱們山西人之山西也」，其排外精神不但隱然齒頰，而且這樣講的話無異是公開宣言山西排外。教育廳長馬駿更是山西排外的「急先鋒」。馬原為軍政執法處長，性情殘酷，嗜好殺人，在當時的山西博得一個婦孺皆知的綽號「屠戶」。崔廷獻、趙戴文暗中實行排外，但自己不肯承認排外，而馬駿則無所忌諱，對外公開表明自己是一個排外者。山西排外主義是事實，特別在行政上排外最為顯著。〔註171〕

　　山西不僅對省府的要職實行排外，而且就連各縣知事都想以晉人充任。1917 年，閻錫山設一行政補習所，以中等以上學校畢業者為合格，心想將全晉知事都改由本省人擔任，並委任畢業合格生多人。但 1918 年田文烈執掌內務部，實行知事迴避本省條例制度，將不合法知事呈請備案者一律駁覆。其時閻錫山以服從中央冠名於世，不敢多用本省人作知事，排外主義只好暫緩一段時間。〔註172〕事實上，閻的這種做法是表象的，實際上他的排外觀念特別強，他力主在山西建立自己的政權班底，大力提拔晉人，以自己的意志控制晉省鄉村秩序。如在 1921 年以前，山西 105 縣中，只有本省知事約 20 人。但在 1922 年奉直戰爭後，閻不受中央法令限制，一意擴充晉人勢力，委任知事 5 人中必有兩人是晉人。當馬駿出任政務廳長後，閻錫山又委派二三十人，其完全用本省籍人士，以致山西知事三分之二是山西人，當時在晉的外省人對此感到人人自危。更何況趙戴文主辦的育才館也是排外的，育才館原本目的是專門造就掾屬與委員，但其章程卻明文規定「凡外省人即不准入館肄習」，結果山西全省掾屬中外省人幾乎絕跡。〔註173〕

　　在軍政官員的任職上，閻錫山也實行排外，安插自己親信。前文已曾論及在辛亥後，閻錫山為在軍隊中塑造個人權威就提拔大量親信擔任軍隊要職。閻錫山被袁世凱任命為山西都督後，他仿傚日本軍事設置，將軍令與軍

〔註171〕《晨報》1923 年 4 月 25 日，第 6 版。
〔註172〕《晨報》1923 年 4 月 25 日，第 6 版。
〔註173〕同上。

政分立，設兩司，一為參謀司，司長孔繁爵，掌管軍隊教育與作戰計劃事宜；一為軍政司，司長黃國樑，掌管軍隊補充、編制、裝備等事宜，並設秘書廳，協助都督辦公，廳長為趙戴文，後趙調任參謀長，即由劉錦訓擔任秘書廳廳長，由李德懋擔任副官長。另設有糧服局，局長南桂馨，籌辦糧秣服裝。同時又進行整理部隊，將所部暫編為 1 師，以孔庚為師長，轄步兵 2 旅，旅長一為劉樾西，一由孔庚自兼，旅轄兩團，團長為張培梅、倪普祥、趙守鈺、臺壽民。師還直轄騎兵 1 團，團長為張樹幟，炮兵 1 團，團長為高樹勳，工兵、輜重各 1 營，並在南北重鎮臨汾與大同均設鎮守使駐守，各轄步兵 1 團。潞澤遼沁上黨地區亦設有鎮守使，駐長治，轄步兵 1 營。〔註174〕其中，孔繁爵、黃國樑、趙戴文、劉錦訓、李德懋、南桂馨、張培梅、孔庚等都是閻的部屬，擔任軍隊要職，唯閻命是從，成為閻推行強權的武力工具。

不過，孔庚是不滿閻錫山壓制的，態度較為傾向南方革命，並於 1917 年佔據大同宣告獨立，起兵逐閻，但閻錫山對孔早有防心，未經戰爭便驅逐孔庚離晉。〔註175〕此後，閻任命張樹幟代替孔庚為晉北鎮守使、張培梅代替董崇仁為晉南鎮守使，藉故將非閻派的董崇仁撤職，並於 8 月 8 日電馮國璋等請予以同意，理由是張樹幟與張培梅更適合擔任晉北鎮守使與晉南鎮守使。他在電文中對此做了說明：

> 陸軍第三混成團團長張樹幟，沉毅果敢，應變有方，迭在晉北剿匪，所至民樂，威望素孚。討逆之役，該員督帶所部，扼守居庸，進迫都城，挫彼逆焰，揚我軍威，其功尤有足多，以之升任晉北鎮守使，實屬人地相宜。又查有前陸軍第二旅旅長，代理山西督軍公署參謀長張培梅，夙嫻韜略，忠勇性成，歷年剿匪蒙疆，久在行間，戰功卓著。此次剿滅晉南土匪，尤能相機應付，調遣有方，以之接充晉南鎮守使，亦屬勝任愉快。以上兩員，均經錫山先行委任代理，計時已及兩月，察看均能稱職。擬請明發命令，任命張樹幟為晉北鎮守使，張培梅為晉南鎮守使。原任晉北鎮守使孔庚、晉南鎮守使董崇仁，並請均予免職，另候任用。〔註176〕

從前文可知，閻錫山在軍隊的人事任命上很注重以地緣與學緣關係為紐帶的

〔註174〕《閻錫山統治山西史實》，第 49～50 頁。
〔註175〕文公直：《最近三十年中國軍事史》（上冊第二編），上海太平洋書店 1930 年，第 126～127 頁。
〔註176〕《閻檔》（第二冊），第 674～675 頁。

人際關係網，其軍隊的核心要職大多爲晉籍人士或與閻親近的人員充任。如督軍署中除他本人爲山西人外，參謀長趙戴文是山西人，參謀劉廷森是直隸深縣人，參謀王嗣昌是山西陽曲人，參謀路福保是山西安邑人，副官長李德懋是山西大同人，軍務課課長武滋榮是山西汾陽縣人，軍需課課長曹善志是山西臨汾人，軍法課課長兼代軍醫課課長也是武滋榮兼任。晉南鎮守使張培梅、參謀長米佩棻均爲山西忻縣人，少校參謀副官長白瑞明是山西陽曲縣人，一等副官關全壽是山西駐防旗人。晉北鎮守使張樹幟是山西崞縣人，參謀長張華輔與少校參謀魏孟徵是山西陽穀縣人，副官長姚文華是直隸沙河縣人，副官石煥鼎是廣西義寧縣人。〔註 177〕以上 17 位重要軍隊長官中山西籍有 14 人，同籍掌權者比重高達 82.3%，而且趙戴文與李德懋等人都是閻錫山的同學或親信。從閻的這一軍事人事安排來看，把持軍政實權者皆爲辛亥革命時他的同黨，甚或爲閻錫山之親信，而且這些軍官多爲山西人士，少有的幾個外籍人士在不久後亦遭到閻氏疑忌與排斥。這種以閻錫山爲中心的軍事權力結構爲閻長期牢固控制晉政權奠定了基礎。

承前文所述，閻錫山除控制晉省軍政和民政外，具有民主憲政特徵的省議會也基本被閻掌控，議會很難發揮制約省政府的作用。山西的省議員由閻錫山指定產出，「不到二三年的工夫，省議會無論討論什麼案件，無不仰承閻錫山的意旨，如增加軍費、徵收賦稅、自治等。」到了 1920 年代，省議會一般議員一方面趕世界潮流，一方面受各種運動刺激，意想山西也要大變而特變，將閻錫山憑藉並作爲利器的區行政決定推翻，而且還提起設立省地方公款局議案，要把山西一省的公款，都歸公款局支配。閻錫山聽說後，當即給每位議員 200 元的運動費，要求他們否決上述議案。〔註 178〕議員收受賄賂後，便收回其議。省議會被閻控制和收買，說明晉省政權完全控制在閻派之手，閻在事實上成爲決定山西政治社會命運的「主人」。

當時報紙曾對閻錫山掌控下的晉省政府做了評述，認爲閻組建的政權班底，對他足夠忠誠，而且閻會不斷地給予他們恩惠。閻的用人標準，是絕不願政府中有人的才華能夠超過他，在任的 4 位廳長、2 位鎮守使、3 位道尹、4 位旅長，經實踐證明都具有服從性質。閻氏待人寬大，喜歡玩弄權術，其部下僚屬的罪證很多，而且積累資產鉅萬者的也很多，但閻對這些置若罔聞，

〔註 177〕《山西督軍公署花名冊》B13-1-3，太原：山西省檔案館藏。
〔註 178〕《晨報》1920 年 11 月 2 日，第 3 版。

反而用更多的錢財與利益來籠絡人心，加強內部團結。如他爲分散 4 旅軍隊的勢力，特在太原精華地段建築宅第，將其賞賜給各旅團長鎮守使，以安反側。經過閻錫山這樣精心設計和安排，時人以爲晉省政局內部決無動搖之能力和可能，所憂慮者爲省外軍閥混戰對山西的干擾。〔註179〕

　　上文所反映的是閻錫山通過與中央政府博弈，同時憑藉他的個人魅力與政治智慧，使山西政權的核心被他及其親信掌控。但山西政府中派系林立、傾軋之風盛行的狀況也是存在的，而且這種政治異態對閻錫山的個人權威有時也提出了挑戰。對於這種情況，閻錫山處理的辦法是既利用派系之爭，又注重用制度約束其派系衝突。閻自掌握山西軍政實權後，其地域意識認同比較明顯，喜歡用五臺人、崞縣和定襄人協助他處理政務。而且閻使用幹部有自己的鬥爭策略，總方針是「二的做法」，將幹部分爲兩類，一類是不歸他直接領導的中下級幹部，確定考試、訓練、歸班任用辦法，交各主管部門按章任用。一類是他直接領導的各部門負責幹部。對於此類幹部，按山西地區分爲南、北、中三路安排，再點綴幾個外省籍人，表面是平衡用人，實際是使官員從地理上結合，自然形成派系，使得各派爲爭奪權位不易形成死黨，以互相牽制。對於一個單位，要設有正、副負責人，正的是一派，副的必是另一派。因不相信縣行政人員，遂派一些經常駐縣的視察員，但又擔心視察員日久生情，與縣行政人員串通閙他，便另設密查委員考查視察員，在明委、密委之上，再設政治檢查委員，巡迴檢查，使每個幹部存有戒心，不敢唯所欲爲。此外，他對幹部信任程度暗中也定有分數。最初只定五分，逐步接近，逐次加分，無論如何忠實，只能信任 9 分，留有 1 分，作爲考查防範的餘地。如果達到五分的幹部可在他大門口盤旋，按表現成績，由大門可進到二門以至「升堂」。然而，幹部能入閻室的極爲少數。他用這種「二的做法」，故意在幹部中製造摩擦，以便於從中操縱，使所有干部不能造反，而且都得聽他支配。〔註180〕

　　可見，閻錫山對幹部的控制是有一定理論技能的，從任人唯親、製造派系紛爭、利用派系鬥爭、到平衡派系衝突都表現出他超凡的政治謀略與控制力。然在日常生活中派系鬥爭一旦發生，就不是那麼輕易能夠利用理論水平能夠磨合的。對此，閻在處理紛爭時也感到十分棘手。下文將對閻錫山在派

〔註179〕《晨報》1922 年 2 月 18 日，第 5 版。
〔註180〕《山西文史資料全編》（第一卷），第 256 頁。

系衝突中的調適做一還原與勾勒：

　　（一）閻錫山與趙戴文之間的離合。趙戴文是一個不愛錢極好名的人，而閻是一個重權力而又好虛譽的人。趙爲閻之業師，其原本是五臺縣一帖括先生。閻柄晉政後，因援引私人以擴充個人勢力，強拉趙任第4旅長並帶兵4團。趙善演說，其精神偏向民政方面，而且權勢發展很快，如主辦育才館、國民師範等屈不勝指。趙意圖使全省中、下級官吏，皆出於他之門下，於是羽翼漸漸豐滿，大有「魚上竹巴，蛇吞鹿」的氣勢。日久天長，趙的權力擴張與閻錫山發生了矛盾。1923年3月，太原有更換省長之說，趙戴文學生在北京信以爲眞，便致書趙氏講明他在京幫忙，請趙在晉有所準備，事實上趙並不知此事。當信件到晉省後，被督署檢查員檢出直接送於閻錫山，閻頓時勃然大怒，懷疑趙出賣自己，未與趙商量，決定收回育才館與國民師範學校等各機關，自行辦理。閻、趙關係雖出現一些裂痕，但閻還是相對比較信任趙，削奪了趙的部分權力後，仍讓其出任晉北鎮守使。〔註181〕

　　（二）閻錫山對馬駿「搗亂」的處理。馬駿本是澤州府鳳臺縣一名回回教徒，平日辦事顢頇，喜歡殺人，晉人稱他爲「搗亂鬼」。他任軍署執法處長時，殺了許多異己黨人。任河東道尹期間，他又殺了許多無辜紳士，引發多起流血事件，後又藉機到太原養病，企圖運作財政廳長。閻錫山對馬的政治活動較爲反感，但沒有辦法平衡利益，只好委任馬爲政務廳長。馬上任後獨斷獨行，植黨營私，在省內省外撤換多人，激起他人反對。閻擔心派系衝突會變得更加嚴重，只好改調馬駿執掌教育廳。但是，馬履任後，壓迫各校與教育廳職員，人人都很痛恨他。閻錫山也厭惡他到處搗亂，漸漸對他疏遠，以避免因他人怨恨馬而使自己受到牽連和攻擊，從而閻、馬間不免出現芥蒂。〔註182〕

　　（三）崔廷獻遭到全晉各界疑忌排抵。崔廷獻是山西壽陽縣人，清季孝廉，他比較心計多有城府，腹中主意最多，無論何種困難事，他總能想得出一種辦法，故向他請教的人俯拾即是，而且他思維敏捷善於寫文稿，所以很受閻錫山器重。尤其是外省人在山西幾乎被排斥以盡，崔在其中出力較多。崔曾爲山西省議會議長，後任全省六政考覈處處長，在楊兆泰掌財政廳後，崔升任省公署政務廳長。1922年，崔曾派人去北京運動省長，事後被閻察覺，

<hr />

〔註181〕《晨報》1923年4月29日，第6版。
〔註182〕《晨報》1923年4月29日，第6版。

閻對他產生不信任感，事事對他加以防備，並間接表示對崔不滿。而閻系中南桂馨、楊兆泰、李鴻文、孟元文諸人，因平日妒忌崔的才能，羨慕他受閻寵愛，於是對他倍加詆毀，以致崔地位日危。崔意識到政治環境對他不利，變得十分謹慎，做事也較之以前相對收斂，但閻還是始終對他不放心，而且閻的左右對崔也絕對不兼容，設法排斥，結果崔被調任爲河東道道尹，心裏雖不樂，卻無可奈何。對於閻來說，他爲了固己也只好拔去「眼中釘」，緩和他人對崔的怨憤〔註183〕

（四）賈景德與崔廷獻的爭鬥。晉省派系之爭及其暗鬥最爲劇烈地是攻詆晉南派與排斥外省人。閻錫山手下兩位軍師，即崔廷獻與賈景德二人，他們各自培植黨徒，兩派勢力間時有爭端。賈爲山西沁水縣人，前清進士，「有文名，惟恃才傲物，見賓客眼白上翻，視人如無物，以故不爲人所喜，僚屬群憚其鋒棱，爲之長官者見其論議奇特，性復剛愎，非如芒刺在背，即如坐針氈，因此到處多不爲人所容。腦筋相率是賈氏之所短，遇事敢爲是賈之所長，山西創行統稅，收入激增，爲賈之功。賈前任河南知縣，以剛愎敗，補山東濟寧道尹，又因剛愎敗，只好返晉。」賈進入省政府後，一直想取代崔廷獻在閻錫山面前的地位。恰值1922年崔親自赴京運動省長失敗，還晉後閻對其大加責怒，並撤其職。賈繼任其職，但賈又遭到他人誹謗，懷疑是崔派對他排擠，欲以設法反擊。閻得知此事後，擔心派系鬥爭擴大化，於是只好將賈暫時調離。〔註184〕

可見，閻錫山的政治集團中，上層權力者的鬥爭十分頻繁，並非一團和氣。事實上，從古至今，中國統治者都喜歡通過政權中的派系鬥爭，平衡各方利益，以達到鞏固政權統治的目的。閻錫山在晉省的施政也不例外，由上文所知，晉省政權內部的派系鬥爭也很嚴重，正是派系間的紛爭使閻錫山在平衡各方利益時，閻借機實現了他對部屬的控制，獲得了部屬對他的足夠忠誠，使他們成爲其治晉的得力干將。同時閻還通過任人唯親的官吏選拔，逐步建立了忠於他的幕僚體系。其文官智囊有：趙戴文、賈景德、南桂馨、趙丕廉、梁航標、崔廷獻、楊兆泰。武人軍團有商震、張培梅、張樹幟、傅存懷、豐玉璽、楊愛源、周玳、李德懋等。其中，趙戴文想以神道設教，屬行愚民政策，指導閻氏皈依佛教，建築自省堂，星期日帶領軍民到堂領省。南

〔註183〕《晨報》1923年4月29日，第6版。
〔註184〕《晨報》1923年6月8日，第5版。

桂馨於 1913 年在河東籌餉局被張士秀鞭撻後，閻氏引為心腹。南氏在警務處任內，除極力維護閻錫山外，自己濫用職權，任意妄為，閻氏對此裝作不知。崔廷獻為閻出謀劃策，凡增加地丁、商稅、釐金、煙酒、驗契，以及種種稅務，皆出於崔氏策劃。〔註185〕可見，閻幕僚中這些作為「紳」或「軍」角色的人物，對閻政治行為的支持有不可替代的作用，對山西秩序的構建與維持也起著至關重要的作用。

閻錫山雖建立了自己的幕僚體系，但督省兩署中真正的人才卻較為缺乏。據稱財政廳長楊兆泰只會寫兩篇膚淺文字，而省府較為有用者只有崔廷獻與賈景德兩人。崔私人權利心太重，眼光手腕也在其它晉人之上。賈景德貌似有才，實際其才遠不及崔，但他們為了爭寵與爭權，卻鬥得不可開交，在需要真正用其才華時，他們卻名不副實。承前文所述崔被調河東後，省府每有函電需擬稿覆電，其它人寫的稿子都不得閻錫山之意。據載「在擬一致中央之電稿時，命省公署科長樊象離為之，所作電文不滿閻意，又命孟元文為之，比樊象離之更為差勁。閻在省公署當眾喟然曰：『崔廷獻在省，此說他不好，彼詆他不行，乃今至擬一電稿，又亦無過復如此，信乎人才之難也』。」孟元文聽後不以為然，誣告崔廷獻所擬電文是抄襲於一本政書。閻聽後，不但不相信孟的政書之說，頓萌調崔回省之念。於是，孟元文與其徒黨密謀，為防止崔回省報復，籌謀使閻打消調崔之念頭，便想出將以前被崔排擠離晉的賈景德召回省，代替崔在閻心目中的地位。而此時閻以為自身樹敵太多，心想不妨起用有嫌怨者一二人，以緩和各方面鬥爭空氣。於是，賈景德再次踏入娘子關，但省政中卻沒有安插他的職位，只好因人設崗，任命他為軍省兩屬機要督辦。其純粹為抵調崔廷獻而設。〔註186〕

晉省不僅政界派系鬥爭嚴重，軍界受其影響，派系衝突也很激烈。山西原本設兩鎮守使，一是駐晉北大同府，張樹幟任鎮守使，一是駐晉南平陽府，張培梅任鎮守使。但由於軍界鬥爭，張樹幟被撤職。南張與北張同為保定軍官學校同學，各鎮晉省南、北。北張好色而蠻橫，妻妾有 13 個，煙癖極深，常常憑藉兵力向綏遠販土輸送到晉南。閻錫山雖有禁煙與禁納妾之令，然對於軍人卻不計較，並與其合謀大同礦藏 4000 餘方里，計劃先後出資 500 餘萬。後因民眾要求晉礦公有運動發生，閻與北張磋商善後辦法，張樹幟反對

〔註185〕《晨報》1922 年 9 月 15 日，第 6 版。
〔註186〕《晨報》1923 年 6 月 8 日，第 5 版。

公有，於是閻派員赴大同調查，始知雖爲合辦，但張未出分文，因此閻對北張有意見，這是此後張樹幟被撤原因之一。北張被撤第二個原因是 1922 年整理村範時，閻錫山將所有軍事交張培梅代辦一切，南張兼任第 2 混成旅長，又兼全省訓練連督辦，南北二張由此因權力爭奪積不相容。閻本有廢除督軍之意，令南張辦理善後，以免外間覬覦，此時北張參與反閻舉動，被南張告密。閻急召北張入署，對其訓斥，張樹幟當晚遞上辭呈，閻即批令准暫卸鎮守使重任，改爲駐省垣幫辦軍務，北鎮守使一職由第四混成旅長趙戴文兼代。北張被撤第三個原因是 1923 年五臺兵變，閻之父母與財產幾乎遭不測，當時盛傳張曾與某密謀此事，閻對張起疑心，調張到太原察看動靜，觀察 3 月，覺得兵變問題與張不無關係，於是更加深了閻對張的警惕心理。〔註 187〕張樹幟被撤的第四個原因是在攻打張勳時，張認識了曹錕，曹錕任總統後，張與曹聯繫密切，閻錫山藉端撤其職。〔註 188〕

　　由以上所述來看，其時掛有五色旗的山西，受民國體制與制度草創影響，省府政權結構基本按照民國規制設立，有督軍、省長、政務廳、財政廳、實業廳、省議會等，機構設置比較完善，具備新結構的各種「外殼」，但權力的構成與分配還是相對傳統的，沒有新制度的實際內涵，只是政權實體一改以往的紳軍政權爲軍紳政權。而且在政權的建設和人事變動中，仍以學緣、血緣、地緣關係爲任免資本，而不是過多考慮人才的能力與知識結構，其中雖也採納了一些新的辦法如考試、選取畢業合格學生等，但在具體操作中仍夾雜有裙帶因素。另外，晉政府中因權力與利益分配不均，導致派系衝突與鬥爭不斷，結果閻錫山對其的調適也是左右爲難。這些表象說明晉政府在運行和建設中仍是受傳統因素影響較多，而趨新成分相對較少。

二、五四學潮勃興與閻錫山的因應

　　中國向有學生干政的傳統，遠及東漢太學生之於宦官外戚操縱朝政及北宋學生之於外交，近如清末各學堂學生之於變法維新及鼓動或參與革命。〔註 189〕由於近代新學勃興，青年學生逐漸成爲一支新興社會力量，他們較

〔註 187〕《晨報》1924 年 5 月 24 日，第 5 版。
〔註 188〕《山西文史資料全編》（第一卷），第 256 頁。
〔註 189〕岳謙厚：《「五四」前後中國學生運動之考察》，《社會科學評論》2009 年第 1 期。

易接受新潮，從校園走到校外，從學潮發展到學運，積極干預政治，在中國近代政治舞臺上扮演了相當重要的角色。〔註190〕1919年巴黎和會的外交風波激發了中國學生的民族情感，引發五四學運。學生運動的迅猛發展和廣泛蔓延促使學生群體快速形成，不同程度地延伸到中國廣大區域。就連當時與外界思想相對「絕緣」的山西也深受這一新潮影響，出現了接連不斷的學生運動。就目前為止，學界對學生運動的研究，特別是對五四前後的學生運動都有較多關注，並不斷有成果問世，然對思想較為保守的閻錫山和五四學潮之間的關係卻鮮有人問津。本節擬以《閻錫山檔案要電錄存》所載資料為考察對象，探討五四期間作為社會新潮代表的學生運動對山西穩定政治秩序有何影響？當時主政山西的閻錫山對這一新潮持何態度，閻是如何應對這一新生力量之愛國主義訴求的？

據閻錫山檔案要電錄存記載，巴黎和會上中國代表顧維鈞、王正廷在和議席上提出中國將來伸展國力日本為一大障礙，請與會代表討論此事，日本政府覺得大受侮辱，遂通知中國政府要求電令中國和會代表立即取消前議，而且中國代表以後發言也須受日本代表指揮，否則將對中國宣戰，並永久佔領山東全省。〔註191〕更為過分地是日使還要求撤回中國與會代表顧維鈞和王正廷，法國和美國對日本這一提議深感不悅，中國政府也對日本提議婉言拒絕，並決定在巴黎和會上披露中日密約。〔註192〕民國北京政府主張將二十一條密約一併提出，同時將與日使接洽情形也電知赴巴黎和會的中國外交團團長陸徵祥，叮囑陸相機提出以便辦理，進而用事實支持和會中的中國代表。〔註193〕閻錫山獲知中日關係即將惡化這一消息後，急電駐京晉人葛敬猷，「本署前因改籍敵僑及在晉敵國教士應否分別留遣，三電請內部核示，迄未得覆。遣期迫近，望速到部探聽，並設法催促為要。」〔註194〕此電說明閻錫山的民族主義情緒也較為強烈，在得知中日關係緊張後，試圖對山西的日本人採取行動，以配合中央政府外交，但其請求行動的函電未得北京政府答覆，他只好電函葛敬猷去外交部探訪，以為其獲取更多對日行動的便利

〔註190〕岳謙厚、李衛平：《「五四」之後到大革命時期的學生運動》，《中共黨史研究》2011年第7期。

〔註191〕《閻檔》（第五冊），第3頁。

〔註192〕《閻檔》（第五冊），第4頁。

〔註193〕《閻檔》（第五冊），第5～6頁。

〔註194〕《閻檔》（第五冊），第7頁。

資源。

　　然而，日本在巴黎和會上對戰勝國中國山東權益的強行掠奪，引起中國代表團及其民眾的強烈不滿。對於日本要求中國代表在和約上簽字一事，北京大學學生得知後上街遊行，以示抗議。5月4日晚，北京大學與高師學校學生，因青島問題齊集曹汝霖住宅放火，痛打曹汝霖與章宗祥，結果曹汝霖與章宗祥受重傷，軍警逮捕學生20餘人。〔註195〕5月6日，北京政府為減輕國內民眾對政府的壓力，特電各省軍民長官讓其披露政府對青島問題的態度，以釋群疑。北京政府認為「此次青島問題，國人甚為注重。政府極力堅持，有為國人所不及知者。茲將最近發電摘要發交警廳刊發傳單，內開本月四日院致陸使電云：青島問題，政府主張由德直接交還，縱使未能辦到，亦只能以五國暫收限期交還中國為止，希悉力切實進行，務達目的。五日又致陸使電云：來電所述日本要求於和約草案內專列一條，將膠州問題由德交日處置。此事在我只有堅持到底，如果約內加入此條，我國當然不能簽字，希照此辦理云云。已由廳設法分佈，尊處亦可照此酌量披露，以釋群疑為要。」〔註196〕

　　5月7日，北京市政公所督辦吳炳湘致電閻錫山，詳述學生搗毀曹宅和毆打章宗祥等、結果學生被解散、被捕學生被移送法廳、北京各校均已照常上課等時訊，要求山西一定要加強防範，保證晉省不要出現北京那樣的情況。〔註197〕但閻錫山為了獲得更多北京政府對學生運動的應對和處理，以及地方有無反常的確切消息，於8日再電葛敬猷等詢問詳情，如「北京學生團毆打章公使被捕後，近兩日舉動若何？有無罷課、開會情形？政府若何措置，各省有無響應？」〔註198〕駐京山西代表李慶芳於9日覆電閻，「被捕學生已一律釋放。徐世昌曾派袁紹明面囑吳炳湘，不可操切；又有熊希齡保釋；曹、陸、章亦不欲重辦學生，暫以法廳起訴，作一結束。各省以文電響應者頗多，尚無舉動。京城由警備司令暫行戒嚴。惟研究系報紙，倡為徐上將有焚殺大學之謀；安福方面，指熊（希齡）、汪（大燮）、林（長民）為賣國；錢派議員彈劾曹汝霖。其暗潮仍從文治軍閥消長而起，又有親美、親

〔註195〕《閻檔》（第五冊），第8頁。
〔註196〕《閻檔》（第五冊），第9頁。
〔註197〕《閻檔》（第五冊），第10頁。
〔註198〕《閻檔》（第五冊），第11～12頁。

日之異。近日錢閣（能訓）因外交失敗，頗思退避。」〔註199〕

　　閻錫山除向葛敬猷、李慶芳函電外，還於當日致電晉人田應璜（田屬安福系成員）打探北京學生及政局動態，〔註200〕田於10日電閻「學生風潮，近稍平靜，章公使（宗祥）無性命之憂。五、六兩日，大學罷課。七日，外交協會招集各界開會，爲警廳所制止，遂將學生保放，可望和平。此事主動爲林長民、汪大燮、王寵惠等，欲以外交失敗之罪，加諸曹、張，以牽動段祺瑞，用意至爲深險。日來議會中群謀彈劾內閣，至內閣亦有全體辭職之事，政潮愈激烈矣。」〔註201〕而且總統徐世昌與總理錢能訓在針對捕放學生一事上存有明顯分歧，徐主張完全釋放被捕學生，錢卻認爲當時就不應捕拿學生，既以爲之，應先究主使，可藉此收場。況且被打的章宗祥病情仍危，萬一不測，頗難措置。〔註202〕但隨著學生運動的擴大化和社會各界給予政府的壓力，北京政府只好將被捕學生保釋。

　　學潮暫緩低落，學生雖已上課，但每日尙有上街遊行者，大呼亡國之舉。教育部爲此特嚴令各校不得爲政治集合。〔註203〕5月9日政府再次發出懲罰學生令，又將保釋學生移送法庭。這一舉動不僅引起學界憤怒，且商界對政府的行爲也極爲反感，他們願作學生後盾，支持學運。〔註204〕於是，學生運動再趨高漲，北京各校議決從5月11日起一律罷課。北京大學校長蔡元培因學潮引發的政爭而辭職赴津。〔註205〕12所學校的教職員決定上書中央政府，要求挽留蔡元培，如果留蔡目的達不到，則學校不再負有約束學生責任。學生也採取一致行動留蔡，但蔡並未復職，學生自行解散，法庭押留學生也隨之釋還。〔註206〕

　　上文所述主要反映地是因巴黎和會而掀起的北京學潮。事實上，政治秩序較爲穩定的山西亦早已受到這股民族主義之風的影響。早在北京學生運動發生時，山西學界也開始響應，首推山西大學起爭外交風潮。繼5月4日學

〔註199〕《閻檔》（第五冊），第12頁。
〔註200〕《閻檔》（第五冊），第14頁。
〔註201〕《閻檔》（第五冊），第15頁。
〔註202〕《閻檔》（第五冊），第17頁。
〔註203〕《閻檔》（第五冊），第18頁。
〔註204〕《閻檔》（第五冊），第23頁。
〔註205〕《閻檔》（第五冊），第19頁。
〔註206〕《閻檔》（第五冊），第22頁。

潮發起後，山西大學學生率先成立學生會，推舉法律系學生張摺祚擔任會長。接著山西省立第一師範、山西省法政、工業、農業、商業等專門學校以及山西省立第一中學、陽興中學相繼成立學生會。在山西大學學生會聯絡和組織下，成立了以山西大學爲骨幹的山西省中等以上學校學生聯合會，總會設於山西大學校內，會長由山西大學學生賈超孟擔任。學生聯合會成立後，積極響應北京中等以上學校學生聯合會號召，致電並表示擁護和支持北京學生的愛國運動。〔註 207〕5 月 7 日，山西大學學生聚集 2000 餘人至省議會開會，手持白旗，上寫「人心不死，男兒救國」等字樣，情勢憤激。會上他們議決三項：1、青島誓死力爭；2、善後借款以地丁作抵誓不承認；3、聯合全國學界一致行動。〔註 208〕省議會議長崔廷獻懾於學生壓力，不得不答應打電報給北京政府，轉達學生要求。〔註 209〕與此相配合地是山西教育會也主張在巴黎和會上中國應拒絕簽字，並函電北京政府「青島問題關係至巨，噩耗傳來群情悲憤，懇飭巴黎專使誓死力爭，以維國命」。〔註 210〕

　　不過，就在 5 月 9 日和 10 日北京政府加強了對學生運動的干涉和壓制。11 日，兩名正在街頭講演的清華學校學生被政府逮捕。時任教育總長的傅增湘對此事深表不滿，對局勢感到失望，再加上軍事實力派給他的壓力，不得已於當日晚逃往北京附近的西山，堅意辭職。於是，民國北京政府意想委任安福系人物田應璜接替傅增湘出任教育總長。〔註 211〕田任職消息傳出後，11 日晚，高等師範學校召開緊急會議，將田應璜繼掌教育問題付之討論，探討內容是：聽說安福部欲統一全國教育，凡有反對安福系者，即加以摧殘，前因北京大學校長已預定由安福系人胡鈞繼任，結果胡被北京大學驅逐，安福系以個人報復計，又企圖讓鴉片煙癮甚大的田應璜執掌教育。會議以爲田不足以表率群倫，應採取一致行動反對。12 日，北京學界進行罷課。學生罷課之原因具有雙重性，一是對外關係，二是反對晉人田應璜掌教育。13 日，北京各校一律罷課。北京政府注意到學生的抗議動向後，向眾議院商量撤回原

〔註 207〕陳文秀等：《山西大學青年運動史》，中央文獻出版社 2002 年，第 28 頁。

〔註 208〕《晨報》1919 年 5 月 12 日，第 2 版。

〔註 209〕《山西大學青年運動史》，第 29 頁。

〔註 210〕《晨報》1919 年 5 月 13 日，第 3 版。

〔註 211〕〔美〕周策縱：《五四運動——現代中國的思想革命》（中譯本），江蘇人民出版社 1999 年，第 143 頁。

咨，稍緩再行提出，但眾議院秘書長王印川將咨文藏起，對政府講「不能起滅自由」，且咨文尚未撤回，更何況不日將列入日程舉行投同意票。政府的執意妄爲導致學界風潮日烈，安福系對此責任較大。〔註212〕隨之學潮由外交問題轉向了派系之爭，轉爲反對安福系的鬥爭，學潮的性質也發生一定變化。特別是受馬克思主義和其他社會思潮大力傳播影響，學潮向更廣範圍蔓延。清華學生露天演說，上海學界尤爲激昂，聚眾遊行，請政府懲辦段祺瑞、靳雲鵬、曹汝霖和徐樹錚。〔註213〕

此時的閻錫山注意到了學潮中的政爭色彩，擔心學潮會危及國家利益，於是決定著手約束山西學運，遂於 5 月 15 日電趙戴文，「鄙意誠恐自此以往，如研究系者不知凡幾，均將起而利用時機，作題外之文章。學生無知無識爲人利用，固然可惜，而誠恐愈演愈烈，成愛莫能助之勢，則國家危矣。予近日對人以『愛國固好，度德量力亦要緊』十一字，奉勸大家，山西或不至逾越範圍。」〔註214〕從閻的言論再結合上文可知，閻錫山對山西學潮中的民族情緒較爲理解，同意在許可的範圍內進行學生運動，且政府願採取一種溫和型的方式對其引導，但當學潮性質有所改變時，閻則表示要規範學生運動。實際上，之後山西的學生運動完全是在閻錫山政府的引導與控制之中進行的。

隨著以學生爲主角的國民外交的迅猛推進，國內排日風潮愈演愈烈。5月 19 日，北京各校學生同時宣告罷課，並向各省省議會、教育會、工會、商會、農會、學校、報館發出罷課宣言。北京政府擔心學潮擴大化，會影響政府的對外事宜和政局穩定，尤爲擔心地方學運會對國家外務處理造成干擾，爲此，教育部也特於 19 日專電閻錫山，告其「青島問題政府現接陸專使（徵祥）電告，六日正式抗議反對和約草案，所擬辦法會長已允列入紀錄，尚可更謀修正，此時振作民氣以爲外交之後盾，自屬要圖。惟學界人員爲國民之優秀份子，中外視線尤所專注，務當保持秩序，共矢眞誠，舉動文明，以資倡率，萬不可有妨礙邦交，排斥外人之激烈言動，致國際上多所窒礙。應請嚴密飭知各校校長及教職各員，對於諸生覺切告誡，妥爲注意。」〔註215〕然

〔註212〕《晨報》1919 年 5 月 20 日，第 2 版。
〔註213〕《閻檔》（第五冊），第 23 頁。
〔註214〕《閻檔》（第五冊），第 29～30 頁。
〔註215〕《閻檔》（第五冊），第 36～37 頁。

此電在 30 日才到達太原。事實上，閻錫山從李慶芳等人那裡早已獲知日本向外交部抗議排日風潮，及民國北京政府對日態度日有轉變，漸漸加強對學生活動限制，並逮捕《五七報》學生 4 名，嚴禁發行該報，派武裝警察監視大學，禁止集會和演說。《國民公報》和《晨報》也受到警官檢察，《益世報》亦遭封閉。〔註216〕

面對學生運動的擴大化和國民外交之日趨激烈，不僅教育部對其有所疑慮，而且北京政府也擔心學運會對國家有利的外交形勢造成損害，在 5 月 24 日，段祺瑞專電曹錕、閻錫山等，認為學生有愛國心應當以鼎新政治、工商、實業，以強國本，否則受人愚弄徒長囂張之氣反而誤己誤國。青島問題，日本與中國政府已有接洽，答應歸還。歐約如不簽字，國際聯盟便不能加入，所得有利條件則需一切放棄，另還擔心外蒙宣戰事等一旦發生，結果學生運動是借愛國以禍國。〔註217〕獲此電訊後，閻於 5 月 26 日分別函電國務院和段祺瑞，表明服從中央統籌安排，山西較為安謐，自當維持秩序，以保治安。〔註218〕28 日，張作霖亦響應段電通電全國，表示維持地方治安，擁護中央對巴黎和會的處置。〔註219〕閻又當即附和張，支持張作霖主張。〔註220〕

由上文可知，閻錫山對學運的態度已很明確，要求山西學潮在政府許可範圍內進行，學生可有序地對歐約簽字一事進行民族情感的表達和宣洩，但要受政府指導和制約。如山西省垣各校學生由於「國家外交緊急時局杌陧，而一般人民未明真相，醉生夢死者向居多數，是慼焉憂之，各於課暇組織講演團，分蒞各繁盛市街空闊場所，宣講時局現狀，期於激發人民救國熱誠，而政界各長官、教育界各校校長職教各員為保持秩序，勉勵學生為軌道內之行動，計亦曾連日竭力撫慰，並隨時將時局真相在各校分別宣佈，冀袪誤會，而學生諸君亦頗富於自治力，連日行動極有秩序，最近更以京津學生界因外交緊迫，欲圖挽救為政府後盾計，已經暫行停課，上書陳情逐決議採一致行動。自 5 月 26 日起一律暫停上課，並一直處於停課狀態」。〔註221〕對於山西

〔註216〕《閻檔》（第五冊），第 43 頁。

〔註217〕《閻檔》（第五冊），第 47～48 頁。

〔註218〕《閻檔》（第五冊），第 45、48 頁。

〔註219〕《閻檔》（第五冊），第 52 頁。

〔註220〕《閻檔》（第五冊），第 51 頁。

〔註221〕《晨報》1919 年 6 月 13 日，第 3 版。

學運的有序進行，閻錫山未加強行壓制，而是以官方名義進行疏導，將其納入秩序軌道，但閻為獲得中央信任及對其治理能力的肯定，卻謊報中央政府山西學界尚無何種風潮，只有學生在課餘時間講演本省所編《人民須知》，秩序毫不紊亂，惟一擔心之事是流氓聚眾滋事，政府已嚴加防範，應不至滋生事端。〔註222〕

然而，就在閻錫山剛剛向北京政府保證過山西學生秩序井然後，5 月下旬，太原大中學校學生 6000 多人舉行了一次大規模的遊行示威，前往省議會和督軍府請願，重申「二十一」條和查禁日貨等主張。當遊行學生行至督軍府時，閻錫山設置三道防線加以恫嚇學生，一是皮帶隊，二是矛子隊，三是盒子炮隊，但學生未被武力嚇到，情緒仍十分高昂。閻不得已只好派政務廳長賈景德接見學生代表，答應將向北京政府轉呈學生要求及其請願書。同時閻暗中命令各校校長強迫學生盡快復課，聲稱如哪一學校先復課，就給哪個學校校長記大功。但閻的舉措在激憤的學潮面前不起多大作用，學生運動仍十分高漲，並得到商界罷市支持。〔註223〕5 月 29 日，山西中等以上學校學生聯合會卻發表《山西學生罷課宣言》，抗議政府在歐約上簽字，聲稱「民國四年五月七日之條約，強權威脅，隱忍構成，竟能發生效力，今日山東青島交涉，公法昭昭，人曲我直，由復歸於失敗亡國，道線日迫一日，凡我國民誰不痛心。更可痛者留日學員以愛國舉動被拘被打，備遭欺辱，我政府亦未嚴重交涉，以鼓士氣而振國威，此關於國恥不得不暫行休業，策勵挽救外交者。」〔註224〕

6 月 3、4 日，北京政府在北京大肆逮捕學生，引發上海、廈門、蕪湖、南京等地紛紛罷市，〔註225〕結果曹汝霖被免職，總統徐世昌和軍警向學生團道歉，學生遊行講演日增，軍警不敢過問，上海罷工風潮更劇。〔註226〕6 月 5 日，山西省中等以上學校學生聯合會召開緊急會議，號召學生罷課、商人罷市、工人罷工，以實際行為營救被捕學生，決定以更大規模行動聲援北京學運。6 日，太原大中學校學生數千人再次走上街頭，遊行示威。許多市民、店

〔註222〕《閻檔》（第五冊），第 53 頁。
〔註223〕《山西大學青年運動史》，第 30～32 頁。
〔註224〕《晨報》1919 年 5 月 31 日，第 3 版。
〔註225〕《閻檔》（第五冊），第 58 頁。
〔註226〕《閻檔》（第五冊），第 60 頁。

員和工人也加入遊行隊伍。〔註227〕田應璜於 6 月 12 日電閻錫山，讓其防止同情學生運動的袁希濤〔註228〕入晉，擔心袁會煽動學生出現上海那樣的罷課風潮，致使晉省良好政治有「面蠅白璧之污」之象。〔註229〕獲此消息後，閻迅速加強戒備，積極抵制袁的入晉計謀，但山西學生罷課請願運動卻持續到暑假，直到 6 月 28 日，巴黎和會上中國代表團未在和約上簽字，全國學潮始趨低落。然北京政府國務院卻不知從何處得到風傳，有山西陸軍各學堂學生三、四百人，因青島問題，擬帶全副武裝進京請願，並將此事函告閻錫山。〔註230〕7 月 2 日，正定守備隊隊長也言「奉曹（錕）督軍急電，有山西學生二百餘名武裝來石，如此項學生到時，務必止其北上」，同時奉軍駐石家莊第 1 團團部也接陸軍部同樣電文。〔註231〕田應璜聽到這些風傳後，當即令部下揚廷、子成等四處查訪，獲知山西學生進京風潮純係外人鼓動，並將這一謠傳緣由當即電告閻錫山。〔註232〕

　　9 月 14 日上午 10 時，山西省國民師範、留日預備等校舉行開學典禮，國民師範學生 1100 百餘人、留日預備學生 600 餘人、留法預備學校學生 100 餘人、尚有考取技術員的 100 餘人、教導團學員 500 餘人、步十團普通班學生 160 餘人，共有學生約 2000 餘人齊集文廟，各校教職員和各旅團營長、各廳道長官均來參觀，閻錫山借機勸阻學生不要遊行、罷課，並對學生講「各學員來此求學所費的錢，無非是取之於民，要平心靜氣的想人民出錢供給你們是為什麼？並不是為你們沒好衣穿，沒好飯吃，反拿出錢來養活你們，實在是要求你們愛國不至於跟著作奴隸，辦事的人設立學校也就是這番意旨，所以你們要好好的求學問，幾算是愛國的真本領，如不，愛國的路徑一味胡行，那就恐怕愛國反到害了國了，次復就禁煙一事證明弱國侵壓之危，與救亡之別有途徑。」接著，省議會議長崔廷獻也繼續向學生開導：「上課是學生份內的事，無論何事也不能比上課的事要緊，如有不得已的事只好請假，如漫然不上課就是罷課，就一人搬出校去，一班罷課就一班搬出校去，全體罷課就

〔註227〕《山西大學青年運動史》，第 32 頁。
〔註228〕1919 年 5 月 15 日，政府曾任命教育次長袁希濤為代理總長。
〔註229〕《閻檔》（第五冊），第 63 頁。
〔註230〕《閻檔》（第五冊），第 70 頁。
〔註231〕《閻檔》（第五冊），第 70 頁。
〔註232〕《閻檔》（第五冊），第 76～77 頁。

全體搬出校去，學生罷課之日，即是學生開除之日，亦即是學校停辦之日，決不稍存客氣。」「此次對於學生係採自治主義，故管理學生非常寬縱，考察學生非常嚴密，冀養成共同生活的習慣，以驗各學生之能否自治」。〔註233〕

在五四學潮引領下，山西學運不僅得到發展，而且各種社會思潮也得到廣泛傳播。如無政府主義和共產主義宣傳品在山西市面出現，有《民聲叢刊》、《近世科學與無政府主義》、《工人與國家新生命》、《養人伊萬》、《兵士須知》、《告下士》、《工人寶鑒》等。對此類傳播新知的宣傳品，國務院參陸部專電各省長官要求查扣刊物，並對郵件進行嚴查。〔註234〕閻錫山獲悉後當即電覆內務部等表明立場，山西將嚴防過激黨利用印刷物進行煽惑鼓動，已下令山西內部嚴密查禁，發現山西並無過激印刷品。〔註235〕到了11月，福建發生日人毆傷學生案件。此次事件實系日人報復，禍端起因於山東問題發生後國民提倡國貨、抵制日貨，以致日人懷恨發泄，出動軍艦水兵進行威脅，從而激起學生強烈愛國熱情。〔註236〕福州事件的發生再次刺激了中國民眾的排日風潮，國民外交趨於高漲。福州交涉國民大會到會者五、六萬人，議論激昂，最後議定由總商會長負責完全抵制日貨。〔註237〕山西也響應抵制日貨運動，但遭省府鎮壓，而且政府還將責任歸咎於學生不安分，非政府不支持民族主義行動。12月，山西學生團控告運城長官捕拿抵制日貨學生，並見諸報端，於是閻錫山捏造謊言，專電李慶芳向其解釋運城中學事件非因抵制日貨而引發，「運城中學事，是由於有學生四人，素不安分，校長為整頓校風計，擬將該生等開除。風聲先露，該生等遂藉端毆打，實則學生講演回校，始發生此事，並非校中有所阻撓，該處長官現亦無捕拿學生之事。」〔註238〕從而較為巧妙地掩蓋了壓制學生運動的真相。

繼五四運動和福州慘案後，1920年1月23日，天津學生聯合會日貨調查員在東門內魁發成洋廣雜貨鋪調查私運日貨時，遭到日本浪人毒打，警廳非但不懲辦兇手，反而於翌日出動軍警毆打並逮捕馬駿、馬千里等20餘名示威

〔註233〕《晨報》1919年9月25日，第3版。
〔註234〕《閻檔》（第五冊），第84頁。
〔註235〕《閻檔》（第五冊），第85頁。
〔註236〕岳謙厚：《「五四」前後中國學生運動之考察》，《社會科學評論》2009年第1期。
〔註237〕《閻檔》（第五冊），第90頁。
〔註238〕《閻檔》（第五冊），第92頁。

請願學生和各界聯合會代表，查封天津學生聯合會和天津各界聯合會。「魁發成案」後，在周恩來召集下，覺悟社定於 29 日舉行大規模示威遊行。是日下午，南開大學、北洋大學、中西女學校等 18 所學校五六千名學生聚集在東馬路舉行遊行大會。隊伍行至省長公署轅門，周恩來等 4 人被召進行談判，結果被拘押，並被送至北洋行營營務處收押。2 月 6 日轉押警察廳。17 日，警廳傳訊周恩來等，追查學生聯合會和各界聯合會的組織，周等拒絕答覆，警廳只好再次將其收押。但周恩來等的被捕引起媒體和社會極大關注。2 月 28 日，天津中學以上 10 餘名校長，聯合呈文教育廳，要求釋放天津請願被捕學生。3 月 17 日，天津學生聯合會決定全體學生暫不復課。4 月 2 日，周恩來、馬千里等六名被拘代表率先絕食。4 日，被捕同仁全體絕食，以死捍衛初衷。警廳被迫答應代表三項要求，並將患病或未成年的 3 名代表釋放，將其餘 23 人於 7 日移送天津地方檢察廳。由於代表遲遲不能釋放，上海學生總會議決全國大罷課。〔註239〕17 日，國務院電各省長官「電局檢扣上海學生總會電，有『本會評議部議決，自本月十四日起，全國一致罷課，與賣國政府決鬥，上海、浙江已如期實行』等語。查此等舉動，意存擾亂，亟應設法嚴切取締。除北京方面，已飭嚴密防範外，希即督飭所屬，切實勸誡令其照常上課，一面嚴行防範，勿任滋擾。設有逾規行為，即時依法制止，以重公安。」〔註240〕閻錫山則積極回應，表明山西已令所屬嚴密防範，並將中央意旨隨時向部屬宣佈傳達。〔註241〕

自上海學生總會議決罷課後，各省中學以上學校也紛紛響應。上海學生會發出傳單，呼籲「推翻政府，另建民國，罷市罷工，抗捐抗稅」。〔註242〕山西省學以上各校代表在總幹事大學校部議決，與上海、南京取一致行動，4 月 28 日實行罷課，各校學生於是日下午 1 時齊集文瀛湖畔，由各校會長報告一切後，遊行街衢，手執白旗上書「反對山東直接交涉，廢止軍事協定」，但遊行隊伍的秩序極為整肅。除組織講演隊外，暫以 1 校為 1 組，到人煙稠密處輪流講演。擬定在星期二下午 4 時，由總幹事部招集大學法政、農業、工業、商業、師範、陽興、明原第一中學等 9 校代表。各大學校議決星期三

〔註239〕周利成：《周恩來在天津被捕的日子》，《報刊薈萃》2007 年第 7 期。
〔註240〕《閻檔》（第五冊），第 100 頁。
〔註241〕《閻檔》（第五冊），第 99 頁。
〔註242〕《閻檔》（第五冊），第 105 頁。

一律罷課，並於下午 1 時之後全體遊行發散宣言書，同時派代表回校宣傳。
5 月 4 日，學生罷課至下午 1 時，各校學生陸續到陳列所，全體排隊遊行街
巷，由各校軍樂隊引導，依次赴省署、軍署、道署、各廳、各處、各會、各
機關，送宣言書，請援助遊行，每人舉白紙旗一面，寫著「反對直接交涉，
廢除軍事協約，宣佈中日密約，熱心愛國，喚醒國民奮鬥救民」等字，到 5
時返回陳列所，然後各歸本校。〔註 243〕由此可見，晉省的學生運動受到嚴
密控制，遊行隊伍秩序整齊，沒有出現亂象，基本在政府操控範圍內表達著
愛國情感。

　　學生雖有序上街遊行，但作為校方的管理者還是覺得沒有制止學潮，有
愧於省府，或者擔心政府問責。由此山西省大學法政、農業、工業、師範中
學、陽興、明原等校校長，以為未能制止學生罷課，即赴省署稟請辭職。事
實上，從遊行隊伍的秩序來看，各校校長在阻止學生運動方面是做了許多工
作的。如自學生罷課後，各校紛紛電呈教育廳長。教育廳長聞知學生罷課，
隨即由電話通知各校長，令各教職員勸導學生上課。〔註 244〕此外，面對學潮
又起，5 月 12 日，運城道尹馬駿函電閻錫山「頃據稽查員馬占春報告，學生
在街遊行講演，日漸激烈。有演說『自上年五四日以來，政府已無愛國思想；
各長官腦筋中亦無國家二字；現在政府，為我國民不可信賴之政府，必須我
輩愛國，國民重新改造；我等以後不可信賴官廳，須要自由行動』等語，措
詞激烈，駭人聽聞，實屬大礙秩序，有妨治安。若不取締，後之演說，恐更
有甚於此者。查此類講演，實屬悖謬異常，嗣後如再有類此情事者，應如何
處置？」〔註 245〕閻錫山對馬電沒有明確表態，也未採取措施制止學生運動，
而是在觀察全國學運形勢變化，並向中央政府表明他是抵制新潮的。到 11 月
2 日，閻覆電國務院，告知已嚴密防範過激主義傳播。〔註 246〕同時，他又電
告李慶芳，要其注意北京及全國學潮動態，隨時通告於他。〔註 247〕李當即電
知靳雲鵬內閣對閻錫山處理山西學潮方式沒有太多批評，勸其迅將河東中學
與女校罷課之事設法了結。〔註 248〕閻隨即採取措施促使學生復課。至此，山

〔註 243〕《晨報》1920 年 5 月 5 日，第 3 版。

〔註 244〕《晨報》1920 年 5 月 5 日，第 3 版。

〔註 245〕《閻檔》（第五冊），第 106 頁。

〔註 246〕《閻檔》（第五冊），第 107 頁。

〔註 247〕《閻檔》（第五冊），第 109 頁。

〔註 248〕《閻檔》（第五冊），第 110 頁。

西學運在政府與學校疏導下漸趨沉默。

三、強化社會控制——鎮壓民衆抗爭與嚴防土匪作亂

民國雖已鼎造，但民衆生活並沒有得到多少改善，正如閻錫山在 1915 年所言，民衆在共和國時期的生活還不如在清朝好。〔註 249〕故民衆的抗爭鬥爭時有發生。當河南白朗起義時，山西民衆亦出現了抗稅抗捐鬥爭。其中，有些民衆鬥爭被社會不法份子利用，竟而成爲他們掠奪民財的機會。如盂縣鄉民楊培玉、張公保等合夥把持煤釐，迫脅鐵爐窯戶一律罷工，聚衆滋事。縣知事將楊培玉、張公保拿獲押送到省查辦，而其同謀王從新則糾集 22 堡，擬定聚衆要挾政府，索回張、楊二人，反抗煤釐驗契與禁種煙苗等。他們聚衆於臺子梁，集議於風波寺，經縣知事前往勸導，民衆才予以解散。不久，北鄉椿樹底人梁正會，綽號鐵頭大王，向王從新詰責此事，王從新再次編發傳單，於 1914 年 3 月 10 日在風波寺聚集數百人，到清城鎮勒索糧食，並迫脅同行如不從者勒罰燒房，民衆不敢抗爭，只好隨他作案，勒索該鎮供米 2 石 8 斗餘。

第二天，他們照樣到元吉堡勒索，勒詐科長張觀丹，張打算與之抗爭，張觀丹弟擔心吃虧，捏造飾詞得以倖免遭災，但被勒取 8 石多供米。王從新等仍不滿足，繼續脅迫同人到烏玉、烏沙等村勒供米 10 石餘。12 日，王又率衆到城關，因大雪受阻，他們分往城南三義廟、火神廟、廟巷村等處。13 日上午，他們蜂擁圍城，約五六千人，西門人勢最衆，多持木棍器械，也有持擡槍、鳥槍者。縣知事登城勸導，並擲兩封白話信，民衆對其置若罔聞，口口聲聲要求獻出知事、紳士，用鳥槍瞄擊縣知事。縣知事恐懼，退回縣署，派稽探隊與巡警分駐城頭，並派副官、排長、警長與釐金委員來往城上，做好嚴防。城下民衆肆口破罵，西門有人先向上開槍，兵警等開槍還擊，城下倒斃多人，梁正會被拿獲，頓時部分民衆又由外城小北門底空處鑽入，搗毀鎖鏈，擁至城內東門口攻鬧，亦被兵警擊散。於是，他們又從小南門城牆塌陷處扒進，將小東門、小南門打開猛撲，但見東門被擊斃多人，心裏畏懼逐漸散去。結果這場衝突導致民衆被擊斃者 64 人，其中掩埋者 16 人，當時驗

〔註 249〕《閻伯川先生言論類編》（1915 年 9 月）第 3 卷上冊，出版地及出版年代不詳，第 2～5 頁。

明屍身者 48 人，因傷逃回身死者 12 人，共死 76 人，受傷者 102 人。閻錫山聞聽此事後，認爲縣知事對民眾抗爭處理失當，將其撤職，交高等懲戒委員會審查。〔註250〕同時，閻又將民眾暴動的處理結果上報北京內務部，一方面表示服從袁世凱威權，另一方面也是想討好袁世凱，證明自己與中央行動保持一致，嚴厲鎮壓農民暴動。

另政府徵收捐稅煤釐較重，控制民眾較嚴，鄉民對政府行爲多有不滿，引發了 1915 年和順民眾的抗官鬥爭。5 月間，和順馬嶺關釐卡委員詳情財政廳，議定將縣城東關分卡仍將移設松煙村，恢復舊制，由此民眾浮言四起，鄰近各村聲言「倘再設卡，定即打毀」。官民衝突的另一導火線是由於鹽務自改歸官運以來，城鄉分設官鹽店，人民不能自由運售，而且政府對此緝私嚴厲，巡役人等借機苛罰民眾，致使民眾產生仇視心理。當鄉民等聲言抗拒之時，該縣署知事董清某帶同地方紳士分赴各村，召集鄉牌社首等演說開導，向鄉民剖陳利害，鄉民暫時答應願意安分守業，並無異言，抗爭風潮稍微平息。然不知何故？突於 5 月 29 日午後，城西扒頭村地方聚集二三百人，知事當即前往勸導，民眾解散。但民眾覺得知事並沒有給他們解決實際問題，而且也沒有改變徵收捐稅煤釐的情況。30 日，遠村鄉民 800 餘人到扒頭青崗寺內聚集，各攜木棒、炊器臥具做戰鬥準備，議定於 31 日入城，痛肆焚掠，知事聽說後急帶員紳巡警等前往彈壓，在寺院佛殿當眾勸導，答應向省府陳述民眾疾苦，勸眾不要違法騷動。但聚集者越來越多，至傍晚間約有 1 萬餘人，而鄉牌社首則避匿不到現場，鄉民覺得知事比較仁廉，誤以爲釐卡鹽店與一切稅捐皆由紳士主謀作祟，要求將紳士交出任他們處置，知事不答應，鄉民即擁入佛殿，將門窗桌椅搗毀，知事隨帶的員紳丁警遭受微傷，民眾未對知事攻擊，而是迫其訂立條款，要求豁免一切稅捐及封閉鹽店等事。知事恐激他變，只好暫時答應鄉民請求。〔註251〕

31 日早上，大半鄉民已散。稍後領導人張保壽、藥壽山等從中遊說，民眾重行聚集，紛紛入城，將城內鹽店焚燒淨盡，毀掠東關釐卡。知事聽說急馳回城，督同警佐撲滅餘焰，捕獲祁觀音、任小小、藥成保、楊拾翻等 6 名，

〔註250〕《中華民國史檔案資料彙編》（第三輯政治民眾運動），江蘇古籍出版社 1991年，第 228～230 頁。
〔註251〕《中華民國史檔案資料彙編》（第三輯政治民眾運動），第 239～240 頁。

暴動息止後，民眾離散，僅鹽店與釐卡二處有些損失。此案發生時，恰值袁世凱親信金永任山西巡按使，金想藉此削奪閻錫山權勢，打擊晉省地方勢力，遂派警備隊分統領孫秉彝前往鎮壓，警備隊到後，鬧事民眾早已解散，警備隊出示取消協訂條款，留一隊鎮懾地方。不料，張保壽想救出祁觀音等，於6月22日召集3000餘人第二次聚集在禿聯坪、馮家莊村兩處，商議攻打縣城。縣中獲報，留駐警備隊官帶隊出城迎阻，企圖查拿首犯，當眼線在眾人中指出張保壽時，警備隊即行捕拿，張知身份暴露，當即開槍拘捕，並令民眾用棍石亂擊隊兵，警備隊當場擊斃鄉民巨野蠻等6人。直至25日，鄉民等始才散去，張保壽逃走。〔註252〕自此，鄉民武裝抗官之事暫告平息。

除鎮壓民眾抵抗官紳的鬥爭外，嚴防土匪暴亂亦是晉政府加強社會控制的另一舉措。1917年春，山西洪洞縣及毗連趙城亢旱不雨，地方人性強悍，一些豪強起而生變心，組織鐵血鐮鈎會，各持手槍，縱橫搶捉，認為是出頭發財的好機會，並定出種種名目，尊奉李德貴為「小海傑」與「劉備」等號，其餘謀士有「諸葛亮」、「達賴喇嘛」等名，開始搶劫民財。3月間，洪邑鄰陽縣之地案件日益增多，而且該地西鄉縱火案件連日發生。縣知事孫某獲悉後，以為此等烏合流寇並無根據地，無從捉獲，只有等待機會。不久，恰有李三全劫案發生，鐵血鐮鈎會真相完全泄露，官府將首會李德貴拿獲，其餘人逃竄。〔註253〕鐵血鐮鈎會被鎮壓後，而鄰省陝西、河南的土匪活動十分猖獗，時有侵擾晉境之事。恰值陝督陳樹藩請山西派兵進駐韓城、郃陽一帶協助剿匪，特書函電於1917年12月24日上達北京政府，原電稿由李慶芳轉交閻錫山。〔註254〕對於陝督的請求，閻錫山不敢輕易出兵，擔心與其它省份發生糾葛，引起操控中央政府之實力派系的注意，便電請北京政府給予指示。〔註255〕

然閻的請示沒有得到回應。晉省土匪據點雖較為稀少，但豫省土匪蜂起，經官軍分路兜剿，土匪竄擾晉境之事甚多，特別是與河南接近之晉界一帶匪患甚烈，該處商民籲請晉省派隊前往攻剿。〔註256〕為此，閻錫山又於1920

〔註252〕同上書，第240～241頁。

〔註253〕《晨鐘報》1917年6月5日，第5版。

〔註254〕《閻檔》（第三冊），第267頁。

〔註255〕《晨報》1919年11月7日，第3版。

〔註256〕《晨鐘報》1917年6月26日，第3版。

年 3 月 29 日再次發出艷電到京報告詳情，「豫境竄來股匪，由大小口九里口等處，約分三股共計百餘名，均穿灰色軍衣，攜帶槍械多枝，搶劫釐卡商戶等情。又據潞澤營務處康處長電稱，接據駐晉城防軍電稱，由大口竄入之匪完全武裝，今已進駐糜攔車鎮 15 里之三尖村。又由九里口竄入一股亦已進至三河村，並據探兵回報，又大口入京之匪，自號河南陸軍八旅二營來此追匪等語，除一面派兵追剿以免滋擾，並電請趙督軍查明是否河南軍隊。」〔註 257〕

　　在嚴防土匪作亂的同時，閻錫山還嚴屬鎮壓河東景蔚文等的反抗活動。第一次世界大戰期間，協約國駐北京公使力勸中國參戰，國務總理段祺瑞召集軍事會議，一致贊成宣戰，參戰案遂提交兩院，然議員中多私議藉此倒閣，不肯順利通過參戰，結果國會與內閣糾紛迭起，段祺瑞於 1917 年 5 月 23 日被免職，於是安徽省長倪嗣沖首先宣告與中央脫離關係，隨之奉、黑、吉、直、魯、陝、豫、浙、閩等省紛紛響應，宣告獨立。自各省獨立後，有督軍去省長者，有師長逐督軍者，綱維掃地，法紀蕩然。山西退伍軍人平素不滿於閻錫山所為，也藉此機會，號召徒黨揭竿起事。6 月 25 日，退役軍人景蔚文在河東組織軍隊，自稱總司令，於 26 日電致中央歷訴閻錫山罪狀，以明起事心跡，佔據永濟、虞鄉、河津、曲沃、翼城、絳縣、夏縣等處，河東道尹徐元誥失蹤。〔註 258〕從討閻電文看，景討閻的理由就是乘機反閻。其謂：

> 閻錫山督署以來無惡不作，醜聲遠播，羽翼遍於全省，財富甲於天下，翻雲覆雨以趨時亂德敗常，以向寵誠民，戲沔協寔，晉人不齒前者，在京勾通群小，賄誘乞兒，環攻議會，旬臨指揮繼復斷絕中央，號稱獨立，既無光明磊落之主張，唯知藉便行私巨自利省長，鎮守任煮，驅逐道尹，處長無端撤換，陽託附和之名，實懷割據之意，紊亂國憲破壞統一，民商驚擾，將領憤激。此誠亂賊，盡人可誅。〔註 259〕

可見，景對閻的指控主要是閻聚斂財富，在山西搞獨立，驅逐不服從他的官吏。這些指控事實上從中央到地方對閻的作為都很清楚，但由於國家政治分裂，地方政治凸顯，加之閻錫山的個人強勢，無人能對他做出監督和約束。

〔註 257〕《晨報》1920 年 4 月 1 日，第 6 版。
〔註 258〕《民國閻伯川先生錫山年譜長編初稿》（一），第 214 頁。
〔註 259〕《晨鐘報》1917 年 6 月 27 日，第 2 版。

河東事件發生後，洛陽張敬堯以其軍所駐地點與亂地甚近，請示中央有意率兵往剿，中央據電咨詢閻錫山，卻於 6 月 29 日得閻覆電「晉中現無亂事，各地方均稱安靖，縱有匪訊，本省兵力足可防禦，所議派第七師軍隊來晉剿匪甚感厚意，但恐主客軍隊稍有誤會，地方即遭糜爛，且此時本省安靜，客軍亦無開來之必要，即請將前議取消」。但山西河東士紳則紛紛電請張敬堯派兵入晉，理由是「晉軍倒戈號稱討閻，閻督無力鎮攝，伏莽又復逼發一夕數驚，民不堪命，貴軍近駐一河之隔，水深火熱，寧忍坐視，除電告中央外，懇請師長飛飭所部，星夜濟河，以全河東三十六縣人民之生命財產無任。」〔註260〕

然而，閻錫山為防止張敬堯勢力滲入河東，拒絕河南軍隊入晉協助平叛，速派晉南軍隊驅散景蔚文軍，將平叛結果於 6 月 30 日電覆倪嗣沖，「河東財賦之地，駐有重兵，安靜如常。日前有匪首景蔚文，潛往茅津，結夥逼劫釐卡款二千元餘，並假捏名義，散佈傳單，詭稱駐紮對岸陝州之第七師軍隊，渡河入晉，淆惑人心。當經飭隊嚴拿，據報已潛逃他處。景本會匪，前清緝拿有案，此次竟忍謀危鄉里，並敢假借第七師名義，以期挑成惡感，居心險惡，罪不容誅，已知會張敬堯兄，會同訪拿，歸案究辦。現在晉省一律安謐，請釋廑懷。」〔註261〕

從上文可知，晉省在鎮壓民眾抗爭時，擔心異己勢力入晉，堅決反對鄰省軍隊助其剿匪，但又從下文可知，閻錫山與不對晉土構成威脅的西北勢力在剿匪問題上卻能取得一致意見，互通聲息，共同鎮壓民眾與土匪作亂。如：1917年 10 月 20 日，寧夏馬福祥電閻錫山，「頃接陝北井鎮使（岳秀）、定邊郝知事函報，郭堅勾合蝮金姓、趙老九、曹老九等匪眾，約有一團之多，擾亂延川一帶，將趨三邊，請預防云云。當令敝處邊軍一體嚴備，惟匪情叵測，用特電達，預防潰竄綏西。盧占魁隊自蔡（成勳）都統蒞任，雙方開導裁併，渠雖服從，部下不無異言，好在綏寧聯防，諒無他虞。」〔註262〕11 月 2 日，閻錫山覆電稱「西南之變已啓禍端，誠慮北方伏莽乘機生心，我兄新添部伍，當已訓練有方，悉成勁旅，寧、晉指臂相連，有何聲息，尚盼隨時見示。」〔註263〕

〔註260〕《晨鐘報》1917 年 6 月 30 日，第 2 版。
〔註261〕《閻檔》（第二冊），第 363～364 頁。
〔註262〕《閻檔》（第四冊），第 282 頁。
〔註263〕《閻檔》（第四冊），第 283 頁。

然時隔不久，盧占魁進攻殺虎口，晉軍將其擊退，盧部向西北竄，晉合綏、察軍追剿。〔註264〕馬福祥又於 1918 年 1 月 11 日電閻，建議晉省注意河防，與陝省等合剿盧部，以防其成爲流寇，〔註 265〕閻即令馬開崧旅長派隊過河，相機痛剿，並電陝督（樹藩）與寧夏馬護軍使（福祥）、榆林井鎮守使（岳秀）協力夾剿，〔註266〕並電馬福祥將胡金海按法處決，胡氏係大同兵變案內要犯。〔註267〕後閻錫山又接曹錕電，請其協力痛剿盧匪，〔註268〕接命後派晉北駐軍過河協擊。〔註 269〕但據張培梅電稱，陝西兵亂與匪相通，陳樹藩督軍無力，陝局不可設想，欲將石煥新援陝支隊調回。〔註 270〕閻得知陝情複雜後，致電馬福祥對胡金海嚴加監視，斟酌辦理，〔註 271〕放棄了處決金氏的念頭。同時電告張培梅防剿土匪，另調軍隊兩營渡河援剿。〔註 272〕閻錫山嚴防土匪作亂的行動，遏止或鎮壓了晉省民眾對他的反抗，有效抵制了外省勢力的滲透，維護了晉省的穩定秩序，使山西在民國前期免遭匪患侵擾之苦，但他嚴密的社會控制強行打壓了民眾意願的表達，抑制了民權在山西的伸張。

第三節　「保境安民」話語的運用

袁世凱去世後，中央威權進一步低落，地方主義勢力急劇膨脹，幾大軍事實力派之間在以「士紳」爲首之文人集團的配合下競逐中央政權，導致中央權勢的轉移和各派之間戰爭的連續不斷。其中，這些戰爭既有對國家統一建構的武力付諸，又有省際間各大實力派因地盤與權力而引發的武鬥，結果是中央權柄爲武人輪流掌控，北京政府呈現「武主文從」的政治運作，地方更是山頭林立，尤以山西爲代表。試問這一動蕩的政局對山西產生了什麼樣的影響？山西又是如何應對的呢？對此的探究將是本節關注的重點，即閻錫山爲了應對中央權勢的轉移，提出了「保境安民」的話語，創造了「動態中

〔註264〕《閻檔》（第四冊），第 286 頁。
〔註265〕《閻檔》（第四冊），第 292 頁。
〔註266〕《閻檔》（第四冊），第 294 頁。
〔註267〕《閻檔》（第四冊），第 295 頁。
〔註268〕《閻檔》（第四冊），第 297 頁。
〔註269〕《閻檔》（第四冊），第 297 頁。
〔註270〕《閻檔》（第四冊），第 298 頁。
〔註271〕《閻檔》（第四冊），第 301 頁。
〔註272〕《閻檔》（第四冊），第 315 頁。

的靜態」的軍紳秩序。那麼，他是如何靈活運用「保境安民」這一話語應對「動態」歷史情境的？他有何具體的舉措能夠使當時的山西避免政爭與戰爭的紛擾？為此，本節主要以護法戰爭與直皖戰爭中山西的行為角色為案例，加以分析解讀，從而略窺閻錫山的「政治外交」能力。

一、中央權勢轉移中的調適：閻錫山與護法之役時的北京政府

（一）擁護段祺瑞派的武力統一

　　段祺瑞以討伐張勳復辟之功重任閣揆，對於舊國會仍挾參戰案未予通過一事比較惱火，遂不肯重新恢復舊國會，欲召集臨時參議院另行改組舊國會。閻錫山贊成段祺瑞之意，認為「自非依據約法召集參議院，不克計日以程功，尤非依據約法行使參議院之職權，另定制憲機關，修正國會組織法，不足以杜囂凌而孚喁望。」〔註273〕同時，閻在山西選派參議員田應璜、梁善濟、李慶芳、張端、張杜蘭等 5 人參加段的國會，發給證書，酌給旅費，催令他們依期赴京。〔註274〕西南各省則以護法號召反對段祺瑞召集的國會，滇、黔軍隊分三路進攻四川，兵力總數達兩師以上，襲據四川數城。〔註275〕四川督軍周道剛雖未明確表態，但突然電北京政府辭職。而川軍熊克武一師幫助滇軍，北京政府即派吳光新查辦，暗中函電盧（永祥）盡力防禦。西南軍隊第 4 師完全入浙，贛之第 6 師亦移寧。然其時北京政府內部派系紛爭愈烈，徐樹錚和魏宗涵在陸軍次長一職上爭奪，鬧得王士珍準備辭職，以陸錦代部務，進步系退讓，外交總長汪大燮表示不欲久任，財政總長梁啟超或將調外交，以熊希齡繼任。〔註276〕

　　除中央層面的政爭外，地方勢力也捲入了與中央的爭鬥，或其內部的武鬥。雲南獨立，安慶省城兵變，湖南易督，湘督譚延闓辭職，將職務交財政廳長袁家普代行，湘一二師軍官響應辭職，傅良佐繼任湘省督軍。吳景濂、王正廷等在廣州召開非常國會，設立軍政府，選舉孫中山為大元帥，孫中山就職後表示要與北京政府相抗，於 1917 年 8 月 27 日致電川、滇、黔各省督

〔註273〕《閻檔》（第三冊），第 7 頁。

〔註274〕《晨鐘報》1917 年 10 月 21 日，第 2 版。

〔註275〕《閻檔》（第三冊），第 19～20 頁。

〔註276〕《閻檔》（第三冊），第 21～22 頁。

軍、師長，號召一致抵抗北軍。於是，北京政府下令通緝孫中山、吳景濂等。〔註 277〕陸榮廷隨之電請北京政府要其撤回傅良佐，阻止吳光新入川。汪大燮、湯化龍、梁啓超各總長建議任命熊希齡爲湘省長兼督軍，調傅氏爲岳州總司令。段祺瑞以此爲交換條件，讓陸榮廷解散非常國會，〔註 278〕傅良佐力保省長。在這種局勢下，南北各方權利難以平衡，護法之戰不得已而繼續。

當北軍王汝勤師前隊在衡山頗占勝利之時，段祺瑞即有藉此氣勢武力統一國家之設想，力主武力攻擊南方敵對勢力。東北張作霖等也支持段的嚴剿，並致電中央「自國體改革以來，川省禍亂相尋，受害最烈，而滇、黔實爲禍首。推原其故，皆由彼輩以川省爲財富之地，必欲得此以爲根據，方可以進窺中央，司馬昭之心，早已路人皆見，故周道剛於 14 日通電極表贊同。」閻錫山對張作霖之見甚表贊同，發出「西南變作，禍亂相尋，雖云一隅，影響全局。」之電〔註 279〕

隨後，粵、桂軍大舉進攻，北軍敗潰，急向北京政府請援。段祺瑞爲挽回頹勢，於 10 月 15 日由陸軍部電令晉省出兵援湘。段令山西出兵，可能想藉此削減晉省兵力，減輕其對北京的威懾，抑制閻錫山勢力過分膨脹，亦可能是段自己實在是沒有可調配的作戰軍隊，只好調晉軍出兵。而閻錫山接受援湘，或許出於自己勢力弱小不敢輕易與北洋勢力武力對抗的考慮，或許認爲西南勢力不會有大的作爲，不同意其動輒就分裂國家的做法，故想借援湘一事一是表明他對北京政府的認同；二是可以增加自己在北京政府中的權勢。閻的這一策略並非如閻錫山秘書爲其出兵援湘所做的辯解那樣，即「先生睹此情勢，知北方軍閥尚未到達崩潰之時期，且統一之國民政府猶未實現，故對北京政府仍不欲爲明顯之拒絕，致冒然犧牲，與艱苦奮鬥之初旨相違，只得以餉械兩缺等情形婉示謝絕之意。」〔註 280〕

北軍望援急於星火，段祺瑞爲貫徹個人主義，令晉軍限期赴援。出於拜權與保境目的，閻錫山服從段指示，電覆陸軍部已令商震〔註 281〕旅籌備開

〔註 277〕《閻檔》（第三冊），第 26 頁。
〔註 278〕《閻檔》（第三冊），第 28 頁。
〔註 279〕《閻檔》（第三冊），第 36 頁。
〔註 280〕《閻檔》（第三冊），第 1 頁。
〔註 281〕商震，字啓予，浙江紹興人。民國成立後，歷任北洋政府顧問、陝北剿匪司令、陝西將軍署衛隊團長等職。1916 年率部投閻錫山，委爲山西陸軍第一混成旅旅長。

拔援湘。〔註282〕閻雖願爲段出兵，卻不願爲他出戰資，甚或還想藉此向陸軍部索取更多戰略物資，故電請中央速撥軍資，「擬請飛咨財政部速撥現銀十萬元，以便開支。晉省前購管退野炮尙未訂立合同，緩不濟急，該旅遠赴湘南，需用利器，本省原有炮位，皆係湖北造五生七三炮，以之剿匪則有餘，對抗南軍則不足，並請大部迅撥管退山炮十八尊、機關槍十二尊，俾資應用。」〔註283〕

　　然陸軍部的餉糈補給遲遲不到，閻錫山則遲遲不予發兵。而湘省督軍傅良佐卻因戰事吃緊，急電閻錫山，催促撥調商震旅早日入湘作戰。〔註284〕閻以步兵旅軍備未完備、開拔即延時日爲藉口，與傅周旋，要求傅如能借給晉軍管退山炮18尊，或就近轉向漢陽兵工廠、江南製造局代借，晉援軍便可出發。〔註285〕傅良佐只好答應閻氏要求，電稱爲晉軍「已預備速射炮一營，官兵子彈俱全，祈速飭步隊旅酌帶機槍，即日輕裝開拔來湘，所有給養接濟均由敝處擔負，來時川資，祈代墊發，後撥還。到漢時，已設有兵站，派員接待，車船均預備，水陸均可來湘。」〔註286〕陸軍部也電催閻錫山「湘南戰情，極形吃緊，非多增援兵，不足抵抗；又非十月趕到陣地，不足以救危急。擬懇速催援軍，星夜輕裝，以期迅速。除槍彈外，餘均不便攜帶等語。務希將派定援湘之隊，火速出發，輕裝往援。」〔註287〕於是，閻擬令商震旅25日出發，要交通部轉飭正太、京津兩路預備運兵車輛。〔註288〕陸軍部爲其備頭等、二等車8輛、三等車13輛、三十噸鐵棚車150輛、老式馬車、石渣車和敞車各12輛，每日開車兩列。〔註289〕

　　此外，援湘商震旅軍費由晉省財政廳向各商號挪墊，〔註290〕同時要陸軍部轉飭交通部令正太路輸送兵士車費准予記賬，並請漢陽兵工廠備發子彈。〔註291〕但漢陽槍彈撥發無餘，只得設法趕造。〔註292〕閻錫山要求先從

〔註282〕《閻檔》（第三冊），第30頁。
〔註283〕《閻檔》（第三冊），第32頁。
〔註284〕《閻檔》（第三冊），第39頁。
〔註285〕《閻檔》（第三冊），第38～39頁。
〔註286〕《閻檔》（第三冊），第40頁。
〔註287〕《閻檔》（第三冊），第42頁。
〔註288〕《閻檔》（第三冊），第44頁。
〔註289〕《閻檔》（第三冊），第45頁。
〔註290〕《閻檔》（第三冊），第44頁。
〔註291〕《閻檔》（第三冊），第45頁。

京庫撥發槍彈百萬粒，發給晉軍以資使用。〔註 293〕陸軍部覆電閻錫山，部庫槍彈也無存，盡力為其增撥 30 萬粒，另請從晉省各軍隊槍械局內酌量挪用，移緩就急，隨後由部籌補。〔註 294〕但閻不願耗費山西軍火，只好向陸軍部訴苦，晉省庫存子彈有限，而剿辦土匪與派兵佈防，更需子彈，請部再加撥子彈 20 萬粒，加上以前的共 50 萬粒，即刻令發以資應用。〔註 295〕

　　山西駐京士紳葛敬猷 10 月 22 日電閻，將北京政府政治形勢變化向他做了透露，以便於閻在權勢轉移與派系紛爭中靈活應對，即「討滇明令即將發表，同時復劉存厚〔註 296〕職，責成共同討滇。湖南前敵戰報，近日稍有不利，第二師部下分駐常德、寶慶等處之軍隊，紛紛獨立。省軍前隊已直接與國軍交鋒，政府頗注意，恐湘省不利，湖北及長江一帶均吃緊。擬設西南經略使，以段芝貴為正，吳光新為副；更換傅（良佐）督問題，府仍主持，徐樹錚反對甚力，或可不成事實。昨招直督來京，將與之商酌抽調部隊赴湘。兩粵電元首（馮國璋）請罷總理（段祺瑞）職，元首已覆電，措詞甚和婉。」〔註 297〕又「吉林因更換孟恩遠，裴其勳等來電責問，頃聞省城有宣佈獨立說。張敬堯昨謁元首（馮國璋）請願援湘，有不欲赴察意。外交總長（汪大燮）因上海護軍使（盧永祥）來電攻擊，昨國務會議未出席，將辭職，現經多方勸阻或可挽留。」〔註 298〕同時，晉人李慶芳亦電閻錫山，張敬堯亦於 11 月初赴湘作戰。〔註 299〕閻錫山獲葛氏與李氏電後，擔心自己督軍位置不穩，恐生他變，遂改變昔日援湘軍隊因無餉緩出兵的做法，急令商震旅於 26、27、28 日率領所部出發，並電知陸軍部與湘省傅良佐，要其接濟晉軍需養各項。〔註 300〕

　　在西南問題上，北京政府內部各派與各省地方實力派所持意見不一。據

〔註 292〕《閻檔》（第三冊），第 46 頁。
〔註 293〕《閻檔》（第三冊），第 46 頁。
〔註 294〕《閻檔》（第三冊），第 49 頁。
〔註 295〕《閻檔》（第三冊），第 48～49 頁。
〔註 296〕劉存厚，字積之，四川簡陽人，日本陸軍士官學校畢業。1913 年署重慶鎮守使，1916 年響應護國軍，自任四川護國軍總司令。1917 年敗滇軍，任四川第二師師長。
〔註 297〕《閻檔》（第三冊），第 50 頁。
〔註 298〕《閻檔》（第三冊），第 51 頁。
〔註 299〕《閻檔》（第三冊），第 54 頁。
〔註 300〕《閻檔》（第三冊），第 54、55 頁。

李慶芳致閻錫山 11 月 16 日電稱「王汝賢聯傅（良佐）、范（國璋）名報稱：前敵軍官會議不戰請和等語。昨王又報稱：傅督離省，不知下落等語。段總理（祺瑞）接電後，以爲離奇，一面派人帶鉅款赴湘，一面擬任段芝貴督湘，並帶張敬堯偕往，以資鎮壓。詎意元首（馮國璋）不以段之計劃爲然，力主調停，段辭意遂決。元首告人謂，『我任芝泉（段祺瑞），不過爲數十年交情，今既求去，仍須煩芝泉轉請東海（徐世昌）出來。又一確息，傅督被王汝賢排出，已赴岳州，元首欲以王督湘，並聞總理辭呈已上，閣員亦紛紛辭職，東海決不出山，並深以北洋派分家爲戚。李純、陳光遠、王占元三督昨有電提出調和南北，條件尚未詳悉。又聞元首不滿於徐次長（樹錚），以故徐亦求去。」〔註301〕北洋集團在西南問題上的派系鬥爭，使得湘省情勢驟變。陸軍次長徐樹錚隨段祺瑞去職時，致電閻錫山，請妥善處置入湘晉軍。〔註302〕商震也向閻錫山控訴晉軍入湘之苦，「傅督（良佐）於寢晚帶印離省，駐紮岳州。又接總副司令（王汝賢、范國璋）刪（15日）電，停止戰鬥，靜候解決。……念此次議和，不於我晉軍未到之先，不俟我晉軍幸勝之後，恰在我晉軍敗挫退集力圖規復之時，言念及此，能無憤懣。震一人名譽不足惜，所不解者，我晉軍深入之後，援軍不來，子彈不繼，友軍內變，乘危助敵，致使不能支持，節經退卻，含垢忍辱，奇恥莫雪耳。」〔註303〕

11 月 16 日，段祺瑞通電各省將軍，向其解釋用兵西南及其辭職原因，對西南用兵是想通過武力統一國家，但在調動各實力派攻打南方過程中，卻發生了北方軍人抗命及其與南方聯繫之事，於是他覺得難以實現他武統的想法，以辭職表示對北洋體系不支持他武統的憤怒，並道出他辭職是由於北洋集團「始以北方攻北方，繼以南方攻北方，終至於滅國亡種而後快。王汝賢等爲虎作倀，飲鴆而甘，撫今追昔，能無憤慨。湘省之事，非無收拾之法，我不忍使北方攻北方，以自抉藩籬，落彼陷阱也。王汝賢等不明大義，原不足惜，我不忍以王汝賢之故，致令同室操戈，嫌怨日積，實力一破，團結無方，影響及於國家也。我北方軍人分裂，即爲中國分裂之先聲；我北方實力消亡，即爲中國消亡之徵兆。」〔註304〕

段祺瑞的辭職引起閣員的同情，他們與段祺瑞取同一進退。對此，江蘇

〔註301〕 《閻檔》（第三冊），第 73～74 頁。
〔註302〕 《閻檔》（第三冊），第 75～76 頁。
〔註303〕 《閻檔》（第三冊），第 77 頁。
〔註304〕 《閻檔》（第三冊），第 86～87 頁。

督軍李純有請罷調停之電，繼之王汝賢、范國璋亦忽有此種電請。〔註305〕在派系紛爭與國際因素壓力下，馮國璋於17日發出通電，痛責停戰議和的不當之處，聲稱願自帶一旅之師親身督戰。〔註306〕如此一來，武力解決西南問題的主張在北京政府中仍佔據主導地位。據李慶芳17日致晉省電稱「昨晚日公使謁元首，聲明以個人善意請留段總理，元首答以當然慰留，旋即派人赴宅報告答日情形，又命徐（樹錚）傳達留意，並將辭呈封還，段仍堅辭」。閻錫山即於同日電函商震「得報傅督軍（良佐）因北軍反對出長沙，總理（段祺瑞）辭職未准，希小心注意，並湘省現狀如何？」〔註307〕同時，閻又於18日電段祺瑞，勸他不要辭職，「湘局小變，雖出意外，仰維我公艱巨久膺，位望隆重，愛國家不言權利，久為天下所共信，遽爾引退，則北方實力渙散，必至團結無力，危及國家。揆之我公愛國之初衷，寧不大相刺謬。錫山待罪晉疆，瞬焉六載，以私情言，則所愛惟公；以公義言，則愛公尤不如愛國。務望我公以國家為重，勿遽引退，力圖挽救，以遂初衷。錫山不敏，亦當整軍籌餉，敬候指揮。」〔註308〕並在同一天，閻錫山又致電馮國璋，謂「整軍經武，所擁護者中央，所保持者統一，既無新舊黨派之見，亦無南北界限之分。」「錫山不敏，謹當整率所部聽候指揮。」〔註309〕

與此同時，閻錫山還向曹錕等徵求力挺段祺瑞之意。〔註310〕曹錕因與段祺瑞有嫌，勸閻保境，維護治安，以為「現在揆席辭職未允，主座（馮國璋）通電主戰，必有正當辦法。無論時局如何，我輩淬屬將士，妥防境域，保衛治安，先顧根本即是勝者。彼此情同骨肉，利害相依，此後遇事，必當馳聞，以靈消息，而期一致。」〔註311〕結果段祺瑞辭職未成，仍堅持武力統一，派王占元為援湘後路司令，〔註312〕但曹錕、王占元、陳光遠、李純主張雙方先停川、湘之戰，進行慢慢和談，解決南北統一問題，〔註313〕接著長沙失守，段祺瑞急欲離職，並婉告日使勿再為其活動。據李慶芳20日電稱「王士珍將

〔註305〕《閻檔》（第三冊），第81頁。
〔註306〕《閻檔》（第三冊），第93～94頁。
〔註307〕《閻檔》（第三冊），第84頁。
〔註308〕《閻檔》（第三冊），第84頁。
〔註309〕《閻檔》（第三冊），第92頁。
〔註310〕《閻檔》（第三冊），第90頁。
〔註311〕《閻檔》（第三冊），第91頁。
〔註312〕《閻檔》（第三冊），第107頁。
〔註313〕《閻檔》（第三冊），第100～101頁。

長陸部，代段祺瑞任總理，陸軍部次長徐樹錚亦辭職，陸榮廷乘勢將在梧州設軍政府。」〔註314〕北京政府接唐繼堯電，要求恢復國會。隨之，北京政府內部經過各派間的博弈，黎元洪復職段祺瑞免職呼聲高漲。

（二）轉向支持馮國璋與曹錕

段祺瑞在西南用兵問題上，遭到北洋某些武人的抵制，段氏雖勉任其職，但其在中央政府中已處於頹勢。據葛敬猷11月21日電稱「此次政變，全係有人挑撥府院所致，段公（祺瑞）勢難再留，不久將代以王士珍，先行兼代，此後實權當操於府。昨已將陸參辦公處由院移府，聞將派張紹曾為南北議和使。鈞座民國元勳，國人敬仰，惟政潮所趨，不能不稍事聯絡，浙督楊（善德）已與蘇督李（純）有所接洽。昨日左右言於猷，鈞座似宜與府稍生關係，猷已先事聯絡，應否進行？取何種方針？尚乞諭遵。」〔註315〕對這種權勢的轉移，閻錫山已洞悉到一二，遂轉向支持實權人物馮國璋。閻在19、20日連接馮國璋兩電，電文內容主要是與各省商討對西南的用兵問題，閻氏即於23日覆電馮「錫山素以服從中央，維持統一，為唯一之宗旨。伏望鈞座獨伸綱斷，挽救艱危。」〔註316〕是日，他又致電曹錕「承示擬先請西南方面，即日將軍隊退出湘境，表示和平決心，明定停戰日期，以為議和初步。鄙意極表贊成，即請我兄挈銜主稿，通知彼方，弟願附諸驥尾，以圖挽救。」〔註317〕

閻錫山通過函電力言支持馮國璋決斷，同意曹錕對南方的和平主張，而卻於同日電覆福州李厚基時不聲明自己的主見，反而向李討教「敝處對於總統（馮國璋）皓（19日），亦尚在籌慮之中，尊見如何？還乞見教。」〔註318〕當南北議和已成定論時，李厚基於26日致閻錫山電，表示贊成言和，敦促閻派員赴津商談。〔註319〕閻錫山於28日再次電覆李「敝處覆仲珊督軍（曹錕）馬（21日）電，大意與臺旨相同，並已派員駐津接洽矣。」〔註320〕

段祺瑞辭退總理職後，北京政府在組閣一事上又起糾紛，閻錫山根據葛

〔註314〕《閻檔》（第三冊），第109頁。
〔註315〕《閻檔》（第三冊），第126頁。
〔註316〕《閻檔》（第三冊），第114頁。
〔註317〕《閻檔》（第三冊），第127頁。
〔註318〕《閻檔》（第三冊），第123頁。
〔註319〕《閻檔》（第三冊），第140～141頁。
〔註320〕《閻檔》（第三冊），第140頁。

敬猷電獲知王士珍可能組閣，如王氏不願組閣，可能在對西南調和時，各方不能滿意。〔註 321〕南昌陳光遠亦通電閻錫山等，推崇王士珍爲繼任總理的理想人選，〔註 322〕閻贊同其意，聲言「聘老（王士珍）眾望所歸，敝處已專電敦勸矣。」〔註 323〕而李純則通電指出總理一事不宜由各省推舉，應爲總統大權，〔註 324〕閻即致電附和「組閣問題，尊論極是，毋任欽佩。此後如有卓見，仍乞隨時示及爲盼。」〔註 325〕結果李純 28 日通電反對王士珍組閣，理由是「誠見於第一次段（祺瑞）既去職，李閣（經義）不來，演出種種怪劇，致有今日結果之語。」「至聘公擔任全局，調和南北，排難解紛，實最相宜。此等希望並非我輩私意，亦不自今日始也。前輩已詳，仍恐或生誤會，故復申言之，惟希詧照。」〔註 326〕李純之所以發出反對王士珍組閣電，據李慶芳言「閣揆一席李純頗思自薦，王屢徘徊，半爲避李。研究派漸被元首疏遠，梁（啓超）已赴津，湯（化龍）、林（長民）踵去，張一麐近亦不預機要，大局中心趨於李（純）、王（占元）、陳（光遠）三督，政客揣摩風氣，紛紛南下聯絡直派，周旋民黨。」〔註 327〕

其間，段祺瑞派徐樹錚於 12 月 1、2 日致電閻錫山，告知段氏雖去職，但實力仍在，勸其不要投向他派，更不要被南北議和所蒙蔽。其謂：「昨公府親信諮議耿光之弟由港電告議和條件：1、黃陂（黎元洪）復職，馮（國璋）住瀛臺；2、復舊國會；3、陳光遠調閩，李烈鈞督贛，柏文蔚督皖，譚延闓督湘，劉存厚督川；4、廣東督省改爲公舉。劉存厚屢戰屢捷，對於我輩極重氣誼，決不至爲彼輩詭詐所間，尊處仍請加意聯絡爲盼。」〔註 328〕「我國南軍權勢消長，與日本寺內內閣利害相通。芝揆（段祺瑞）去職，彼邦時相問訊，第以各省不挽留爲疑，經弟切實告以我輩但求國家治理，不爭意氣誇囂之私。若後任能施善政，我輩爲太平百姓，豈不甚美，若再不然，時勢相處之日，相機而發，迎刃立斷，此時各省之沉靜，正見我輩之秩序。彼聞之極意贊服，立電寺內詳報一切。昨燕孫（梁士詒）自日來電言，寺內

〔註 321〕《閻檔》（第三冊），第 157 頁。
〔註 322〕《閻檔》（第三冊），第 158 頁。
〔註 323〕《閻檔》（第三冊），第 158 頁。
〔註 324〕《閻檔》（第三冊），第 159～160 頁。
〔註 325〕《閻檔》（第三冊），第 159 頁。
〔註 326〕《閻檔》（第三冊），第 160 頁。
〔註 327〕《閻檔》（第三冊），第 162 頁。
〔註 328〕《閻檔》（第三冊），第 173 頁。

已訓令渠系內諸要人，並達林公使（權助）謂：段雖暫時去職，北系實力並無墮落，後對支方針，仍認定東海（徐世昌）、合肥（段祺瑞）為政局之中心，遇事力盡友誼援助等語。所關甚大，特飛聞。又昨電議和條件，尚有懲辦禍首一條，所謂禍首者，段、倪、湯、梁、吳、傅及弟也。」〔註329〕閻錫山並未立即回覆徐電，而是針對張敬堯提出中央調和四條件電，〔註330〕於 12 月 3 日電覆稱「主張極是，敬佩莫名。請即電達仲珊督軍（曹錕），以期一致進行。」〔註331〕

不過，因梧州、南京、天津三方面政見相去甚遠，和議突生變故。〔註332〕據李慶芳 12 月 4 日電稱「南軍攻岳州，已由七師前敵接戰。中央電南京，和戰由內閣主持。李純請假，元首密告錢能訓謂：『我可言和，他們須主戰』，並微露辭職意。頃晤某公，據云：『徐（世昌）、段（祺瑞）極稱晉旅能戰，雖敗猶榮。』」〔註333〕5 日，大總統馮國璋電曹錕、閻錫山等「現聞湘中情形不久必將內潰，餉源不繼，商民罷市，不過逞其驕氣以圖徼倖，已飭岳州王總司令（占元）堅守陣地，以待後援。又密告蘇、贛等省勿忘軍備，一面由中央籌劃餉糈，各省聯合預備大舉勁旅，使我士氣重振，局勢重新，必使主權仍在中央，可擒可縱，決非輕徇和議，中彼狡謀。」〔註334〕閻錫山當即響應，於 6 日電覆馮，表示整飭軍備，聽候指揮。〔註335〕是日，參陸部通電各省督軍，「各級將領，上受國家之負託，下為士卒之楷模，尤當淬勵精神，率先奮勇，如有畏葸退縮，軍法具在，決不寬容。切盼通飭所屬，振奮進行，功罪殊途，端須自擇，切切奉諭。」〔註336〕閻於 7 日覆電

〔註329〕《閻檔》（第三冊），第 175～176 頁。
〔註330〕所提議和四條件為：（一）此次調和，應由中央與南方各首領商訂條件，通電各處，徵求意見，多數贊同乃能決定作為有效。（二）秀帥（李純）為調和南北最力之人，曲折困苦久為我輩所深悉，其與南方磋商條件，至於如何程度，應請報告中央，作為私人意見。（三）調和期間，應請大總統明令停戰，南北各軍，如有陽奉陰違，藉端進兵等事，應由各首領完全負責，聽候中央處分，不得異言。（四）調和期間，務求迅速，應由中央限期商訂條件，通電各處限期議妥，呈報中央，聽候核辦。參見《閻檔》（第三冊），第 177 頁。
〔註331〕《閻檔》（第三冊），第 176 頁。
〔註332〕《閻檔》（第三冊），第 183 頁。
〔註333〕《閻檔》（第三冊），第 184 頁。
〔註334〕《閻檔》（第三冊），第 188～189 頁。
〔註335〕《閻檔》（第三冊），第 188 頁。
〔註336〕《閻檔》（第三冊），第 194 頁。

參陸部稱「國家養兵，責在捍衛，軍人天職，有戰無退。已遵諭督率所部各級將領，淬勵精神，遇有戰事，身先士卒，奮勇直前，倘敢畏葸退縮，即以軍法從事。」〔註337〕

　　皖系段祺瑞、徐樹錚為進一步對直系馮國璋及長江三督進行反擊，徐樹錚北到奉天，南到蚌埠，與張作霖、倪嗣沖等聯絡，並且把曹錕也拉到主戰派一邊。這樣，山東督軍張懷芝、山西、奉天、福建、安徽、浙江、陝西、黑龍江、上海、察哈爾、綏遠和熱河等七省督軍、都統、護軍使代表雲集天津孫家花園舉行會議，會議圍繞對南方作戰和對付北方「主和派」展開。天津會議力主對西南決戰，參陸部 7 日再次致電張作霖等「望各長官就所部兵隊切實籌備，除駐防地方必要者外，務須抽出一部之兵力，整備完全，遇鄰省情形緊急時，即無中央命令，亦可相機援應，具報查核；而中央統籌全局，有必須徵調者，亦可朝令夕發，免誤時機。」〔註338〕閻錫山即於 8 日分別覆電倪嗣沖與參陸部，「決定主戰，自當一致進行，俾底於成，卓論至佩。敝處迭接仲珊（曹錕）、子志（張懷芝）兩督軍來電，已覆電，擔任籌備一切矣。」〔註339〕「軍隊迅赴事機，端在實力，各省互相援應，自屬要圖。已遵諭將所部切實整理，以備緩急。」〔註340〕10 日，閻再次致電倪嗣沖「仲珊（曹錕）、子志（懷芝）兩兄聯往督師，復有我哥以為後勁，團體益堅，軍心團結，勘定大難，在此一舉。弟凡力所能為，無不竭誠讚助。」〔註341〕

　　12 月 11 日，閻錫山向田應璜打探北京政府政局變動情況，「聞曹（錕）、張（懷芝）有擁段（祺瑞）上臺之說，真相究竟如何？此議如在必行，從何處下手，到津時設法探明見告。」〔註342〕14 日田應璜對其疑惑作答，「擁段上臺，聞當時原有此意，以為北省出兵，王（士珍）當然退位，刻已擱置矣。張（敬堯）、馮（玉祥）反側，蚌埠已受牽制，鄙意各省固當極意聯絡，而宗主則以曹督軍（錕）為依歸。燕晉協力，尚可為也。」〔註343〕另據李慶芳 14 日電稱「譚延闓電元首辭湘督，並力陳息爭須恢復舊國會。鄂前師長王安瀾

〔註337〕《閻檔》（第三冊），第 193 頁。
〔註338〕《閻檔》（第三冊），第 198～199 頁。
〔註339〕《閻檔》（第三冊），第 196 頁。
〔註340〕《閻檔》（第三冊），第 197～198 頁。
〔註341〕《閻檔》（第三冊），第 210～211 頁。
〔註342〕《閻檔》（第三冊），第 217 頁。
〔註343〕《閻檔》（第三冊），第 229～230 頁。

在棗陽招集舊部，稱護法軍，聞係孫武、季雨霖爲主動。汪議員昨自寧來稱，李督（純）可恃軍隊，僅齊燮元一師，近日喧傳李（純）、齊（燮元）將獨立，倪（嗣沖）、盧（永祥）密計攻寧，人心浮動，一夕數驚等語。」〔註344〕又「政府昨以議和大旨電由李純轉達南方，聞內容有召集新國會，減少名額；北軍仍駐岳州，桂軍退出湖南，滇軍退出重慶等條件。王士珍昨在閣席上有數日後請段祺瑞復揆任語，晚即繕呈先辭陸長兼職送府。」〔註345〕

　　15 日，陸榮廷通電，主張各省罷兵息民，一致對付歐戰風潮，倡議重開南北和議。〔註346〕17 日，譚浩明也發出通電，力主和平，防止內訌，注意日、俄等對中國的掠奪。〔註347〕然曹錕卻主張對西南用兵，防止從中離間，免使北洋渙散，並由中央宣佈西南「陰謀」，呼籲他省一致援助，〔註348〕馮國璋通電各省則以武力爲和平後盾，令已經出發或將下動員的各軍隊，迅即集中前方要地，紮定地盤，不可稍懈軍心。〔註349〕此時閻錫山則響應曹錕，稱「晉雖偏小，自應勉勵袍澤，盡力援助。」〔註350〕21 日，馮國璋向西南發出和平布告，「所謂藉武裝以促進和平，亦即國璋前電先禮後兵之微意」，〔註351〕並決定取消參院，爲和議入手。〔註352〕南京王占元、陳光遠、李純通電表示願調和南北，〔註353〕王芝祥奉命赴梧州求和。〔註354〕隨之，曹錕亦改變昔日主戰政見，通電各省督軍，請中央速改定國會、組織選舉法，以召集正式國會。〔註355〕閻錫山也出現主戰向主和轉變的趨向，當即於 25 日電覆曹錕，贊同由曹領銜入告中央，敦促參議院，迅速議決國會、組織兩法，依據約法行使代議職權。〔註356〕

　　但不久，南北和議再次出現破裂，張懷芝、龍濟光等極力電達中央，主

〔註344〕《閻檔》（第三冊），第 233 頁。
〔註345〕《閻檔》（第三冊），第 234 頁。
〔註346〕《閻檔》（第三冊），第 237 頁。
〔註347〕《閻檔》（第三冊），第 232 頁。
〔註348〕《閻檔》（第三冊），第 234 頁。
〔註349〕《閻檔》（第三冊），第 243 頁。
〔註350〕《閻檔》（第三冊），第 242 頁。
〔註351〕《閻檔》（第三冊），第 246～248 頁。
〔註352〕《閻檔》（第三冊），第 251 頁。
〔註353〕《閻檔》（第三冊），第 249～250 頁。
〔註354〕《閻檔》（第三冊），第 251 頁。
〔註355〕《閻檔》（第三冊），第 254 頁。
〔註356〕《閻檔》（第三冊），第 253 頁。

張武力解決，而此時閻錫山卻不動聲色，在觀察馮國璋與曹錕的動向。1918年 1 月 7 日，馮國璋電曹錕等，駁斥譚浩明電對其的詆毀，並再次對西南問題表態「鄙意能守而後能戰，能戰而後能和，前已屢屢言之，目前仍抱此宗旨，不少變易。」〔註357〕閻錫山即於 9 日電覆馮國璋，對其意極表支持，謂「國事蝟螗，宇內騰沸，我大總統息事寧人，不惜委曲求全，犯而不校，仁至義盡，薄海同欽。錫山以鞏固國家，力謀統一為職志，遵當整備軍隊，聽候指揮，戮力同心，積極進行。」〔註358〕王士珍出局已定後，王於 1 月 13 日通電「主座解決時局辦法。本與尊旨無殊，前以國人相望和平，不憚委曲遷就，即恐誤中緩兵之計，故特設兩司令，意在先輸軍隊於南方，援鄂即以規湘，援贛即以制粵，彼方見我有備，或可易就範圍。如果和平無效，則無煩徵調，因應自能裕如，軍隊布置既周，明令即時頒佈，而諸兄所爭者，先布令而後進兵，尊意以為主座曾有和平之表示，若未奉聲討明令，萬一事勢變更，恐中央卸責或諉過於軍人專擅，因此懷疑，致生歧異，日內禦防吃緊，閩省告急，均待救援。主座日盼會師，諸兄同殷敵愾，只以命令後先之爭，先有滯礙。弟等以為徘徊瞻顧為行軍所最忌，故敢於諸兄所籌慮而未便顯言者，冒然揭明，庶彼此皆可渙然冰釋。弟等更顯確實擔保軍隊達到地點，明令隨之即去，事之成敗利鈍，京外共之，無稍差忒。」〔註359〕隨後，陳樹藩就函電閻錫山，徵詢該如何回覆王士珍電時，閻卻電稱「王總理（士珍）元（13 日）電似無答覆之必要，敝處已擱置不辦。」〔註360〕由此可見，閻錫山對王士珍的態度完全是以一種「拜權」的立場對待，王既已辭職，即將退出權力核心層，閻覺得對其電似無回覆之必要。

在閻錫山心中，只有能夠把持中央權柄的人及其所屬才是令他折服的對象。如李純因調和南北問題，某些武人故意指責其偏袒西南，使其去職。對此，馮國璋為其辯護。〔註361〕閻錫山於 19 日電馮國璋，讓馮勸阻李純辭職，謂「自湘事失利，李督軍以息事寧人之意，出任調人，外間雖有謠傳，心跡可以共見。值此國事艱危，長江流域管轂南北，李督軍威望素孚，正資砥柱，豈容高蹈遠引。鈞電責以公誼，動以私情，巡誦再三，無任感悚，自應急電

〔註357〕《閻檔》（第三冊），第 304～306 頁。
〔註358〕《閻檔》（第三冊），第 304 頁。
〔註359〕《閻檔》（第三冊），第 324 頁。
〔註360〕《閻檔》（第三冊），第 261 頁。
〔註361〕《閻檔》（第三冊），第 339～340 頁。

勸阻，以副大總統屬望之殷。」〔註362〕而當長沙、岳陽被南軍佔領後，曹錕於 2 月 14 日通電要進攻南軍，稱「軍現已南行，利在急行進攻，一俟張敬堯到漢，即與會商，開始前進，以期早消逆氛而定大局。」〔註363〕閻錫山附和曹錕，於 20 日覆電「節麾南下，軍威遠震，衡湘奪氣，指日蕩平。」〔註364〕從這些史料發現，閻錫山對能夠影響政局的人物，或能夠控制中央權柄的實力派，都持積極聯繫的態度，充分做好應對時局的準備，或做出親近的姿態，而對於失勢者，則相對遠離。

（三）再次轉向段祺瑞派

南北問題未平，俄過激黨勾結德俘擾亂中國邊境，〔註365〕奉軍第二十七師張景惠旅入關，張作霖參謀長楊宇霆和徐樹錚到秦皇島，截留北京政府購自日本步槍 27000 枝。3 月 5 日，田應璜連向閻錫山發出兩電，初步判斷政局將有大變，告知閻，奉軍入關，張作霖聲言以堅大總統主戰決心。〔註366〕又據葛敬猷 3 月 6 日電稱「昨總統決意辭職，通電各省，經全體閣員詳陳利害，始允此電緩發。財政總長（王克敏）六時專車出京，赴各方疏通。總統並令靳雲鵬請段芝老（祺瑞）疏通奉督（張作霖）退兵還械。日來京中又風鶴頻驚，因奉督有運兵駐京之說。新國會召集，期已決定六月二十日。聞曹督（錕）有電請仍留馮（玉祥）旅長，〔註367〕將功贖罪。藏番內犯，川邊使連電告急。」〔註368〕獲得在京士紳的確切情報後，閻錫山於 6 日覆電田應璜「奉督果至廊坊，大局當有異動，此後情形若何，尚望隨時見告。」〔註369〕

另據李慶芳打探消息，對於奉軍出關，曹錕、張懷芝、張敬堯三司令電函張作霖，要其顧念大局，化除意見，撤軍還械；〔註370〕奉省出兵非天津會議決定，而是由倪嗣沖、徐樹錚運動而起，意圖剷除長江主和分子，督促

〔註362〕《閻檔》（第三冊），第 339 頁。

〔註363〕《閻檔》（第三冊），第 403 頁。

〔註364〕《閻檔》（第三冊），第 402 頁。

〔註365〕《閻檔》（第三冊），第 414 頁。

〔註366〕《閻檔》（第三冊），第 437 頁。

〔註367〕馮玉祥旅刊佈誓師詞，聲言討伐倪嗣沖，而李純扣留解款二百餘萬欲以自立，北京政府意將其免職。3 月 1 日馮玉祥部全體官兵電請收回成命，如不獲准，願與同去，李純曾質問免職理由，曹錕復代請留任，所部開往湖南。

〔註368〕《閻檔》（第三冊），第 436 頁。

〔註369〕《閻檔》（第三冊），第 436 頁。

〔註370〕《閻檔》（第三冊），第 442 頁。

中央主戰決心，〔註371〕張作霖致曹錕與徐世昌電，已將段（祺瑞）閣提出，歷數元首因循之罪，促其改悔，最後表明擁護元首，決無二志，但奉兵確抵廊坊，尚未進駐豐站；〔註372〕因奉軍催逼太甚，王士珍只好出京，段祺瑞電勸張作霖，不要讓廊坊兵再進。〔註373〕3月10日，李慶芳將北京政局變動之勢再次電達閻錫山，「奉兵入關，王（士珍）既遁津，馮（國璋）亦辭位。愚見以為主戰各督正臨崖勒馬之機，再進轉類盲動，鈞座對於陽（7）電宜主挽留，惟勿先發，願瀝陳之。馮在今日與在昨年不同，近畿兵力，馮優於段（祺瑞），馮如被逼而去，長沙、成都恢復不易，近畿軍人多已離叛，馮去則段難再起，冒險組閣，短期之詬猶小，肘腋之憂實大二也。此次元首辭位內幕，因抵制段閣捲再起，陽電內有總理現屬暫攝，又不能援約法交其接代，二語至堪尋味，轉瞬元首任期已滿，國會召新恢舊，遙遙無期，此次任段組閣，屆時即攝行元首職務，斷非馮所願為，預料陽電出後，皖、奉必先變計三也。」〔註374〕

閻錫山聽從李慶芳之言，即於當日向曹錕與張作霖發出函電，詢問曹錕「元首陽電想已鑒及，此事關係甚重，兄處如何主張？敢乞見示，以便一致。」〔註375〕而對於張作霖要求組織責任內閣一電，〔註376〕閻表示認同，即謂「時局危迫，非得堅強有力之責任內閣，不足以資挽救。兄電主張至為切要，弟極贊同，已電曹錕、張懷芝兩帥接洽矣。」〔註377〕當對於蚌埠倪嗣衝要求其支持張作霖組責任內閣一電時，閻氏又將覆張氏電之原意相告。〔註378〕事實上，就組織責任內閣一事，閻錫山並未與曹錕、張懷芝進行探討，但在覆張作霖與倪嗣沖電中卻有如是說，可見閻的這種做法只不過是對張、倪二人使用的一種政治策略而已，同時也暴露出他在接近奉、皖。隨後，閻錫山又致電田應璜向其打探中央近情，據田應璜12日覆電，馮國璋不想讓段祺瑞復任，而段派中人亦分兩派，一派是蚌埠方面，不願段祺瑞重新上臺，意想為其找一替身；另一派是奉張，當王祝三赴奉與其商量段氏復職之事，張作霖雖意

〔註371〕《閻檔》（第三冊），第443頁。
〔註372〕《閻檔》（第三冊），第444頁。
〔註373〕《閻檔》（第三冊），第445頁。
〔註374〕《閻檔》（第三冊），第446頁。
〔註375〕《閻檔》（第三冊），第447～448頁。
〔註376〕《閻檔》（第三冊），第450頁。
〔註377〕《閻檔》（第三冊），第449頁。
〔註378〕《閻檔》（第三冊），第451頁。

仍在段祺瑞，但實際想法是一種從眾行為。〔註379〕

　　3月14日，李慶芳將他對時局的看法再次函電閣，以供閣決策參考。其謂：「津會以來，北方大勢集中曹使（錕），惟曹使與李（純）、陳（光遠）鄉誼攸關，近則使命尤多，政見偶有不同，惡感未臻極點，此次奉省出兵分駐直境，既踐奉師出援之盟，更堅曹使主戰之志，王閣（士珍）不攻自倒，皖圍不援而解，宣言攻李不過虛聲一也。奉督（張作霖）扣械截糧，聲勢頗大，曹使勸阻於前，繼則促其南下，足見奉省出兵，非曹本意，惟居盟主之名，勉敦愛國之誼，犒師僅屬浮文，懷疑實所難免二也。元首（馮國璋）私盟存於南京，直派勢力集中於李督（純），蛇蛻猶痛苦，況免督軍乎！北洋舊人以元首夙有弱點，避哀求之術，來恫嚇之威，便謂定可府允，殊覺茫無把握。近日東鄰已提出勸告，京奉將抗議運兵，醞釀日久，枝節必多三也。」〔註380〕閣獲知北方權勢重心仍在曹錕，即於當日致電曹錕試探其對張作霖組織內閣電之態度，謂「張雨帥（作霖）通電主張組織內閣，計已達覽。諒為兩公所贊許，如荷聯電東海（徐世昌），即請列入微銜為禱。」〔註381〕曹錕答稱「組閣一事，關係甚重，未可冒然進行，現正詳細研究，俟有妥善辦法，再商承吾弟核奪。」〔註382〕

　　14日下午，馮國璋親自到段祺瑞宅勸其出山，段氏婉言謝絕。而陸軍部軍務司少將司長丁錦認為「非曹（錕）、張（懷芝）各督軍聯銜勸駕，不肯輕出也。」〔註383〕15日，馮國璋通電曹錕等，希望各省聯名勸段祺瑞出山，主持軍國大計。〔註384〕閣錫山即於19日覆電馮「王總理（士珍）休沐以來，揆席虛懸，我大總統以國事為重，前席求賢，欲浼段督辦（祺瑞）出膺艱巨，盛德為謙，欽感無既，已遵諭馳電勸駕矣。」〔註385〕同時，他又致電段祺瑞，表明擁戴之態，「為國計，公一日不出，何以解大局之阽危，而措邦基於磐石，務望曲鑒群情，力膺艱巨，藉答元首速駕之誠，而慰薄海雲霓之望。」〔註386〕

〔註379〕《閣檔》（第三冊），第454頁。
〔註380〕《閣檔》（第三冊），第462頁。
〔註381〕《閣檔》（第三冊），第460頁。
〔註382〕《閣檔》（第三冊），第461頁。
〔註383〕《閣檔》（第三冊），第465頁。
〔註384〕《閣檔》（第三冊），第467～468頁。
〔註385〕《閣檔》（第三冊），第467頁。
〔註386〕《閣檔》（第三冊），第468～469頁。

段派徐樹錚 16 日電閻錫山，主張由曹錕領銜敦請段出山，並分頭迳電徐世昌，請馮國璋下任命，不必先詢段本人意見，當任命下後，各省力責段出任國事，以此向其徵討意見即可。〔註387〕閻電稱「已電請仲珊兄主稿挈銜辦理。俟接覆後，看係如何辦法，再行酌奪從事。」〔註388〕

　　3 月 21、22 日，徐樹錚電函閻錫山，要其一面電促曹錕推戴段出任閣揆，〔註389〕一面要其敦請段組閣。〔註390〕對此，閻再向田應璜徵詢京局動態，「得京訊云，聯銜電上後，菊老（徐世昌）託錢總理（能訓）轉白元首，芝老（段祺瑞）已允出山，請下命令，元首答以克復長沙後再議，又錚（徐樹錚）以夜長夢多，擬聯銜電促元首，漢口如何主張？乞覆。再丹忱（倪嗣沖）發起眾湊十萬圓賞前敵將士，此間認萬圓已彙皖矣。」〔註391〕田應璜電稱，曹錕言論仍與初見時無異。〔註392〕23 日，段祺瑞任命案發佈，段通告就職。奉軍馬隊兩營進駐豐臺。〔註393〕26 日下午 8 時克復長沙。〔註394〕長沙被攻克後，對西南和戰徵求各督意見。段祺瑞以外交日迫，如南方有誠意，頗願妥協。梁士詒將從事調停。〔註395〕但倪嗣沖聯合徐樹錚、張作霖表示絕對主戰到底。〔註396〕對此，曹錕電北京政府請假七日，表達不欲延長戰事之意。〔註397〕又因曹與魯督張懷芝發生矛盾，請解除他宣撫責任。〔註398〕為此，段祺瑞特意赴漢協調各方關係。

　　7 月 10 日為總統選舉會，其時徐樹錚主張國會選舉，閻錫山積極配合，已於 4 月 16 日電河東道尹馬駿，催促為國會選舉做準備。〔註399〕20 日，閻又致電徐樹錚「諫（16 日）電誦悉。卓識甚佩，籌劃周詳，勝算預操。弟處

〔註387〕《閻檔》（第三冊），第 472～473 頁。
〔註388〕《閻檔》（第三冊），第 472 頁。
〔註389〕《閻檔》（第三冊），第 480 頁。
〔註390〕《閻檔》（第三冊），第 483～484 頁。
〔註391〕《閻檔》（第三冊），第 487 頁。
〔註392〕《閻檔》（第三冊），第 488 頁。
〔註393〕《閻檔》（第三冊），第 492 頁。
〔註394〕《閻檔》（第三冊），第 518 頁。
〔註395〕《閻檔》（第三冊），第 518 頁。
〔註396〕《閻檔》（第三冊），第 536 頁。
〔註397〕《閻檔》（第三冊），第 538 頁。
〔註398〕《閻檔》（第三冊），第 539、547 頁。
〔註399〕《閻檔》（第三冊），第 552 頁。

對於新會選舉早已積極籌備，不至貽誤。朱、王諸君自當隨時接洽，時機匆迫，諸盼明教。」〔註400〕26日，曹錕亦通電各省，擬聯銜上大總統一電，請將召集新國會日期早日頒佈，以息謠諑。〔註401〕閻錫山隨即附和「國會早日召集，既可鞏立憲之國基，至表贊同，即請挈銜入告為荷。」〔註402〕5月9日，閻錫山又覆電臨時參議院議長王揖唐，「齊（8日）電誦悉。晉省大學畢業及曾充大學校長教員滿三年者，共有四十六人，已將名冊及憑證於歌（5日）送京，並電達籌備事務局在案。」〔註403〕10日，王輯唐電函閻錫山要其在選舉中與安福派持同一步調，「務使當選議員志同道合，將來可與吾輩執同一之步調，至為企盼。研究派近欲陰謀倒閣，乞早防閑，此間對於選舉宗旨已託田子琮（應璜）、李芬圃（慶芳）、郭子成（德修）三君隨時陳述，明達如公，休戚相關，必能特別注意，為國家固基礎也。」〔註404〕閻即於12日表示「此次選舉關係之重，誠如我兄所言，此間籌備辦法，先將區域分配平勻，正在積極進行，將來被舉之後，可望持同一步調。」〔註405〕

然選舉只是踐行憲政的一個表面形式，在未選舉以前，總統與副總統人選早已議定。據田應璜8月4日致閻錫山電稱「總統問題已經解決，徐（世昌）正，曹（錕）副。」〔註406〕8月12日上午10時國會開會，到會議員約400人，大總統、總理、國務員均到會，外交團各公使及各武官均禮服到場參觀。〔註407〕9月4日上午10時，總統選舉會開會，參議員到會者131人，眾議員到會者305人，法定403人，票數為327，徐世昌得票425，當選為第二任大總統。〔註408〕5日，馮國璋親至徐世昌府邸促駕，請其早日就職，而徐則通電各省軍民長官、西南要人岑春煊、伍廷芳，及在野的趙爾巽、張謇等，循例辭讓，在徐辭讓電發出後，馮國璋即於6日通電各省軍民長官表示擁戴，段祺瑞和曹錕也於同日通電勸徐世昌就職，因得到北洋派一致擁戴，徐世昌

〔註400〕《閻檔》（第三冊），第553頁。
〔註401〕《閻檔》（第三冊），第556～557頁。
〔註402〕《閻檔》（第三冊），第556頁。
〔註403〕《閻檔》（第三冊），第568頁。
〔註404〕《閻檔》（第三冊），第571頁。
〔註405〕《閻檔》（第三冊），第570頁。
〔註406〕《閻檔》（第三冊），第593頁。
〔註407〕《閻檔》（第三冊），第598頁。
〔註408〕《閻檔》（第三冊），第617頁。

於 11 日再發通電，表示接受當選。〔註409〕閻錫山發現徐世昌任總統職已成定局，即於 13 日電覆徐世昌，表示山西擁護徐任總統，勸其早定大位。〔註410〕由此，閻錫山與馮國璋派之關係漸趨疏遠，而又傾向於段祺瑞派。

不過，在西南問題上，曹錕、張懷芝、倪嗣沖與張作霖仍定議武力統一，〔註411〕閻錫山也極表贊成。〔註412〕但吳佩孚等卻聯合前方各旅團長通電懇請罷戰，反對新國會。〔註413〕8 月 25 日，倪嗣沖電國務院等，聲稱曹錕將整軍南下平亂，希望北洋派給予支持。〔註414〕而閻錫山卻料到曹錕南下會力主和平，遂在覆倪嗣沖電中稱「仲珊使帥整備南下，以期促進和平，既諸帥贊同，迎刃以解，當可預卜。」〔註415〕此外，閻又據李慶芳 9 月 7 日電稱「吳佩孚屢電主和，曹錕副座之說，因之打消。段祺瑞主戰失敗，有人主張選為副座，作下臺地步，尚未成熟。漳州失守後，閩事不可收拾，福州斷難保持。」〔註416〕針對吳佩孚等寢（9 月 26 日）電，〔註417〕段祺瑞於 9 月 29 日致電閻錫山「院已通電駁斥。該師長附和亂黨，妄談法律，本應置之不理，以總統就職期近，瞿淆觀聽，尚祈主持正論，力予辭闢，以定人心，大局之幸。」〔註418〕閻錫山答稱將秉承段意，電斥吳佩孚。〔註419〕於是，閻又電詢田應璜，段祺瑞駁斥吳佩孚是否與曹錕有關，〔註420〕田氏認為此

〔註409〕沈雲龍：《徐世昌評傳》，臺北傳記文學出版社 1979 年，第 385 頁。
〔註410〕《閻檔》（第四冊），第 9～10 頁。
〔註411〕《閻檔》（第三冊），第 596 頁。
〔註412〕《閻檔》（第三冊），第 594 頁。
〔註413〕《閻檔》（第三冊），第 601 頁。
〔註414〕《閻檔》（第三冊），第 603 頁。
〔註415〕《閻檔》（第三冊），第 602 頁。
〔註416〕《閻檔》（第三冊），第 619 頁。
〔註417〕湖南境內南北將領譚浩明、譚延闓、程潛、馬濟、李書城、韋榮昌、張其鍠、林俊廷、陳裕光、趙恒惕、林修梅、賁克昭、馬鬈、宋鶴庚、廖家棟、魯滌平、王得慶等與北軍的吳佩孚、李奎元、楊春普、馮玉祥、張宗昌、王承斌、閻相文、蕭耀南、張學顏、張福來、潘鴻鈞、張克瑤等 33 人會銜於 9 月 26 日發出寢電，由吳佩孚主稿，電請馮國璋速頒發戰令，且以護法諸省口吻，阻止徐世昌就任非法國會產生的非法總統，仍勸他為南北調人的領袖，電發後段祺瑞盛怒之下，以「通敵有據」欲將吳佩孚撤職，安福國會也動議懲治吳佩孚。參見陶菊隱：《北洋軍閥統治時期史話·武夫當國》（第三冊），海南出版社 2006 年，第 113 頁。
〔註418〕《閻檔》（第四冊），第 18 頁。
〔註419〕《閻檔》（第四冊），第 17 頁。
〔註420〕《閻檔》（第四冊），第 19 頁。

與曹錕無關，但要閻措詞委婉。〔註421〕當在選曹錕爲副總統時，徐世昌卻從中作梗，使選舉人數不足法定人數。〔註422〕閻錫山獲知這一信息後，與曹錕、段祺瑞派保持三角關係，既支持段派，又不敢得罪於曹錕派。而且，在此後的南北護法之爭中，他比較支持曹錕與西南接洽，促進和平統一。〔註423〕

承前文所述，北洋體系內訌和軍事實力派間的混戰，導致中央權勢的轉移遵循「強權即公理」的原則從一個軍事實力派轉移到另一軍事實力派，結果中央政局動蕩、武人紛爭不休。作爲一方諸侯的閻錫山雖內行「獨立」，但對外仍須獲得中央政府的名分，所以他十分關注中央權柄操於何人之手？時時關心中央權力核心層的變動。可見，這些是他應對時勢變化的關鍵所在。但是，坐鎮於地方的閻又不可能事事躬身必親，只能依靠駐京山西士紳的配合，爲其打探消息，獲得准確信息，便於他靈活應對時局。這也是他盡量將山西官紳或士紳推薦到中央各部門任職的原因所在。故閻在中央權勢轉移中的從容應對，是山西士紳與他合力作用的結果，尤其是駐京士紳代表功不可沒，當然他個人的政治能力與魅力也起著關鍵性作用。

二、交往空間的權益對話：直皖戰中山西與其他省份的態度

1920年直皖戰爭爆發後，7月13日，大同鎮守使張樹幟電詢閻錫山「頃李副官爾昌由張垣回同聲稱：田旅長友望昨晚由京返張，奉令開拔本旅赴京。即晚王都統（廷楨）開會議，內情未悉，惟發表以守土爲前提，決定田旅不令開拔。王都統又向李副官聲稱：張作霖通電主張甚是，曹督軍（錕）兵力最爲雄厚，雖贊段督辦（祺瑞）好處，但言安福與徐又錚（樹錚）行爲不足服人。又謂蔡都統（成勳）意欲開隊到豐，我不願其兵過境，不知貴處讓其來否？總之，無論何處軍隊，亦不准過我察境。惟保境衛民，咱三處要歸一致。又囑李副官回署，務詢貴省究竟助段助曹，態若何等語。據此，竊以王都統語雖圓滑，而窺其阻止田旅開拔各情，似有助曹傾向。惟既詢我省情形，幟亦以「保境安民」語答覆。凡遇此種交涉，幟經驗甚少，該如何答覆，禱電示只遵。」〔註424〕14日，閻錫山電覆張樹幟「王（廷楨）都統以保境衛民

〔註421〕《閻檔》（第四冊），第20頁。
〔註422〕《閻檔》（第四冊），第22頁。
〔註423〕《閻檔》（第四冊），第233頁。
〔註424〕《閻檔》（第五冊），第223～224頁。

為宗旨，並云與晉綏一致進行，此間極表贊同，即由該使就近派員與王都統接洽可也。」〔註 425〕以此，山西也提出「保境安民」的口號應對北洋體系的混戰。

保境安民是晉省對派系戰爭所採取的一種話語策略，而非晉省真的要保境安民，後文將會論述到 1926 年直奉聯軍進攻國民軍時，山西就違背了保境安民的宗旨，佔領了綏遠與察哈爾。故保境安民是閻錫山不敢輕易得罪北洋直皖兩派，而採取的一種權衡利益的話語之策。而這種話語的運用不僅是閻錫山的計策，也是晉籍士紳的願望。如山西士紳錢桐於 7 月 13 日電閻錫山勸其中立，不要捲入戰爭，理由是「自張使（作霖）武裝調停之電拍出後，形勢大為轉移，而且邊軍一師不甚用命。段（祺瑞）派方面，軍事已無法進行。此次政爭，桐早料曹（錕）、段皆恐不利，所以敢進鈞座力守中立之說。現在已趨於調停時期，如何應付？乞速裁奪，免失時機。」〔註 426〕閻於 15 日電覆錢「此間本持中立主義，調人之未所願附也。」〔註 427〕同時，他又連續向張樹幟發出兩電，「據電稱派員到張垣會議，王都統（廷楨）發表保衛地方嚴守中立。本署於今日開軍事會議，本省對於此次戰事決定嚴守中立，無論何方面軍隊，決不許假道通過本省境界。除分電晉省鎮守使外，合電遵照。」「前據報察哈爾副官來，有與晉省取一致行動之說。此事應再由該使與王都統（廷楨）協商，如果願取同意，即要求王都統以保衛地方為名，察、綏、晉對於此次戰事，均守中立，先由該使隨同王都統電致蔡都統（成勳）商定。」〔註 428〕

另據張樹幟 15 日電稱，綏軍蔡成勳部一旅數日內經過晉界。〔註 429〕對此，閻即刻電張培梅，提出 「三不二要」之旨，表示晉省嚴守中立。三不者即：一不入黨派，二不問省外事，三不為個人權利用兵；二要者：一服從政府命令，二保衛地方治安，將其通告全省官紳，並令駐邊團長不讓西北軍通過，綏軍、寧軍如假道晉境，也不讓通過。〔註 430〕隨後，張樹幟 16 日又電詢閻對時局的應對之策，「皖事初起時，豐鎮喬使（建才）由張垣會議回

〔註 425〕 《閻檔》（第五冊），第 223 頁。
〔註 426〕 《閻檔》（第五冊），第 250～251 頁。
〔註 427〕 《閻檔》（第五冊），第 250 頁。
〔註 428〕 《閻檔》（第五冊），第 251～252 頁。
〔註 429〕 《閻檔》（第五冊），第 253 頁。
〔註 430〕 《閻檔》（第五冊），第 254 頁。

過大同，據述稱，察擬助段（祺瑞），綏擬助曹（錕）。嗣王都統面語李副官，亦稱綏軍過境，伊必阻擋。後則十三師田旅在張，郭團在豐，已擬開拔回京，又議定作罷。王都統宣言，伊以保境安民爲宗旨，今日王都統來函，已另電呈鑒。並據報李副官尚有邀我助隊駐張之語意，是察區與綏早通聲息。前此委屈，皆係對外敷衍耳。現在察、綏兩區，已有明白之表示我晉相與逼處，幟意欲以守中立表示，以免其猜疑，後此亦便周旋。」〔註431〕閻錫山當即電張「對於此次戰事，爲山西利害計，非嚴守中立，決無應付之策。頃西北軍駐在孟縣一帶者，欲假道晉省通過，業已嚴詞阻止。該軍困處豫岸，前進再無他路，勢甚危急。但我爲實行中立，所以絕人太甚，情非得已。綏軍有路可繞，並非捨晉境不能通過之，比不過多走三、二日即可到達張垣。設綏軍由晉通過，則不但西北軍責言必至，將陝省亦援例而來。是因綏軍早來到三、二日之事，而貽晉省以此後許多之困難矣。該使勿須抱定宗旨，派員向綏軍聲明利害情勢，請其繞避而行。蔡公（成勳）明爽，所見必同。倘綏軍必竟過境晉省，不忍以力強阻，惟有於緊急時折斷鐵道之一法耳。仰即妥爲交涉，切實遵辦是要。」〔註432〕

7月15日，山東督軍田中玉就曹錕等12日電、張作霖13日電，徵詢閻錫山對其如何答覆，〔註433〕閻氏於16日電覆「曹經略使等文電，敝處尚未答覆；張巡閱使（作霖）元電，此間尚未接到。敝省向以保衛地方、息事寧人爲主，對於此次戰事，惟以能有和平調停之機會爲希望。尊處主張如何？仍乞示及爲荷。」〔註434〕寧夏馬福祥亦致電閻錫山與之商討應對時局的辦法，「此間前得保定各電，以安福阻滯，周少樸（樹模）組閣，各省區一致諫諍，徵求同意，祥即迭電力勸，得覆各省公意，非一二處所能挽回。而保定屢電要約列名，一面電商勳帥督軍（張勳）婉勸芝老（段祺瑞），一面電尊處求教。勳帥來電，著弟斟酌答覆，當電覆列名共諫，以期和平解決。比間列名通電，知不僅爲組閣，直欲解散安福，其實安福久拂民意，無可諱言。惟寧夏地處極邊，消息不靈，愧無先見之明，共作中立之計。計惟內固邊圉、外聯鄰封，維持地方，靜待事定。我公高瞻遠矚，究應如何作用，方定大局。

〔註431〕《閻檔》（第五冊），第260頁。
〔註432〕《閻檔》（第五冊），第259～260頁。
〔註433〕《閻檔》（第五冊），第275頁。
〔註434〕《閻檔》（第五冊），第274～275頁。

誼關手足，並候教言為禱。」〔註435〕閻氏 18 日電言「此次政爭之初，本是內閣問題，大哥列名共諫，原只為和平組閣起見，不料事變多端，竟致訴諸武力，洵與始願相違。來電以固圉睦鄰，靜待事定為主，極佩籌劃。我輩對於同室有鬥，何忍坐視不救。只以地方為重，不敢舍己以從，惟有謹抱初旨，不使戰事益形擴大，渴盼早日解決。如至應行調停之際，當聯合二三同志，垂涕泣而道也。」〔註436〕

另據李慶芳 18 日電，閻錫山得知段祺瑞部十五師潰變。〔註437〕直皖勝敗已初見分曉，於是，閻想出面做一「和事佬」，以補救其不願助戰導致在直皖派中所造成的不良影響，遂致電詢問田應璜「魯督（田中玉）電約調停，擬會發一電，聯合各省，尊意以為有無效果？盼指示。」〔註438〕但閻擔心調和之意落於人後，並未等到田氏覆電，〔註439〕即於當日致電田中玉，主張雙方停戰，請徐世昌明令息爭。其謂：「請大總統明令息爭，另籌善後。兄弟蕭牆，言歸於好，但有稍留餘地之意，絕無不可解決之事。擬即垂涕而道，或可挽回危機。諸公手造民國，砥柱中流，排解大難，必有良謨。如荷贊同，即請電示，以便聯銜會電，竭誠調停。但能使兵事早停一日，則億萬生靈均受無窮之賜。」〔註440〕

田中玉對閻錫山 18 日電表示贊同，允諾即日拍發。〔註441〕隨之，調停聯電發出，閻錫山得到了安慶聶憲潘省長 21 日電、〔註442〕蘭州張廣建等 22 日電、〔註443〕與西安劉鎮華省長等 23 日電的支持。〔註444〕21 日，田應璜亦電告閻錫山「段派完全失敗，各路殘兵退歸原防。吳光新已為王子春（占元）拘禁，調人至津，直、奉要求懲辦徐（樹錚）、曾（毓雋）、丁（士源）三人，

〔註435〕《閻檔》（第五冊），第 284～285 頁。

〔註436〕《閻檔》（第五冊），第 283～284 頁。

〔註437〕《閻檔》（第五冊），第 290 頁。

〔註438〕《閻檔》（第五冊），第 296 頁。

〔註439〕田應璜於 7 月 19 日致電閻錫山，而閻氏在 25 日才接其電，但從田氏電文所看，其意與閻氏致田中玉電不謀而合。田氏電謂「聯電調停，鄙意以為甚善。有無效果，似不必論。但措詞務宜慎重，最好由我主稿，由魯省發電。否則逕由魯督辦理，亦無不可。」參見《閻檔》（第五冊），第 297 頁。

〔註440〕《閻檔》（第五冊），第 300～301 頁。

〔註441〕《閻檔》（第五冊），第 302 頁。

〔註442〕《閻檔》（第五冊），第 302 頁。

〔註443〕《閻檔》（第五冊），第 304 頁。

〔註444〕《閻檔》（第五冊），第 307 頁。

為先決問題，張雨帥（作霖）不日到京主持其事。前兩日聞城北有挾合肥（段祺瑞）入張家口計劃，昨經探實，已成畫餅，大約徐、曾等業入日本使館。」〔註445〕

閻錫山把握調和時機適當，與田中玉的聯電調停，使他在軍政界的聲威一時大振。7月23日，陝督陳樹藩電閻「秦、晉唇齒相依，休戚與共。值此潮流所屆，宜有籌備之方。我公偉略宏才，久深欽仰，盡劃所及，尚乞詳晰賜教」。〔註446〕閻答之「軍潮所衝，應付為艱，敝省向以保境安民為主旨，此次近畿戰事發生，亦只可謹守中立隨機應變。秦、晉一體，關係密切，此後益當互相扶助，以期達保境安民之旨。京保戰事，自定國軍失利後，現已停戰，議和聞尚無端倪，並以奉聞。」〔註447〕25日，歸化蔡成勳亦電閻錫山要求雙方協力防堵潰兵，並派參謀索景斌進謁，如遇事可傳達給索，對索指示一切。〔註448〕閻當即覆電稱「前者貴軍道經大同，當飭由張鎮守使（樹幟）妥為招待。東道之誼未備，方深抱歉。乃承齒及，彌增汗顏。貴軍遠度居庸，扼險設防，西北治安賴以保障，感受厚賜，豈有涯涘。前接仲帥（曹錕）及奉軍張司令（作霖）電，已飭張鎮守使督率所部，防堵西北潰兵。復承貴部及察張各軍互相聯絡，協力阻遏。」〔註449〕

27日，陝督陳樹藩再電閻錫山「戰事既停，善後重要。我兄以謹守中立保境安民為宗旨，洵屬正當辦法。敝處願隨公後，一致施設。秦、晉同舟，何畏風雨。尤望遇事指示，俾通聲氣，無任企禱。前派馮參謀晉謁，近聆明教，已否晤面？」〔註450〕閻於28日覆陳電，「保境安民，採取一致，同舟共濟，紉感莫名。」「馮參謀尚未蒞晉，晤時自當妥商一切。」〔註451〕且在27日，馬福祥亦致電閻錫山「連日大雨電阻，昨晨始奉皓（19日）電，知我公與田公（中玉），曲為調護。幸雙方現當停戰，合肥（段祺瑞）有電悔過，此時正好轉圜。惟祥前以聯名未便涉兩可，我公一言九鼎，威信素孚。或即弟

〔註445〕筆者以為此電應為田應璜所發，因電文後署名為「璜」，但檔案卻題為「田中玉電閻錫山段派失敗直奉要求懲辦徐樹錚曾毓雋丁士源三人」。這一錯誤可能為編者所為。參見《閻檔》（第五冊），第299頁。

〔註446〕《閻檔》（第五冊），第338頁。

〔註447〕《閻檔》（第五冊），第337頁。

〔註448〕《閻檔》（第五冊），第346頁。

〔註449〕《閻檔》（第五冊），第346頁。

〔註450〕《閻檔》（第五冊），第344頁。

〔註451〕《閻檔》（第五冊），第343頁。

獨建言，或與諸帥聯勸，春風一動，解奏無難。」〔註452〕8月4日，李純亦致電閣，與他相商戰爭善後，並將曹錕2日電轉達，即「此次興師靖難，良非得已。忍受一時之痛苦，企圖長久之治安。現在戰事已停，但望善後，次第就緒，無負衛國保民之初衷。凡我同人，均具此苦心。田、閣、陳（樹藩）諸公處，禱由秀帥酌將此意分別轉達為荷。」〔註453〕

由此，直皖戰爭由「戰爭」狀態進入到「和議」階段，進而直系代替皖系掌控中央權柄，直派推翻安福國會。吳佩孚主張召開國民大會，決定由靳雲鵬組閣，但直奉要人因某種糾葛，卻留駐天津，遲不赴京。據葛敬猷8月4日電稱「天津要人遲遲其來，有數種原因：1、因初次提出六條中，有請安置合肥（段祺瑞）於湯山，元首（徐世昌）否認。曹（錕）、張（作霖）、吳（佩孚）謂，若來京是否前往見面殊兩難，故要求仍堅。2、因元首要發不株連令，天津要求懲辦次要禍首，迄未商妥，天津方面似不甚滿意。現元首已讓步不發此令，並日內將有罪己令發表，是以張使今日下午準到，曹、吳能否同來未定。惟前晚吳師長（佩孚）赴津，主張國民大會頗堅決，張使不贊同。當時有通電聲明之說，後調處通電或可免發。惟兩方收西北軍、收九師十五師等，似仍各自擴張勢力。愚見鈞座對於國民大會意見電，或稍覆以觀動靜。和議總代表，已更聘李蘇督（純）兼任。靳（雲鵬）署閣令，即欲發表。」〔註454〕

8月4日晚，在徐世昌擬下罪己詔的邀請下，曹錕、張作霖先後抵京，北京政局再次發生變動，開始了直系的主政時期。直派要人對閻錫山的印象還算不錯。據商震4日電言「震江（3日）晚由保抵京，今晨謁曹使（錕），伊對我省中立，尚能諒解。謂外間雖不無謠言，伊決不相信，並允向聯軍方面代為疏解。又謂來日大難，藉重晉省之事正多，情詞極為懇摯。至對南北正謀統一辦法，為陝事決乘此整頓，惟何人繼任，未能表示。對劉省長（鎮華）通電，亦有不滿之表示。曹使今晚入京，吳師長（佩孚）、曹瑛、劉夢庚等，均未在津。震亦擬今晚赴京再事接洽。」〔註455〕可見曹錕對於閻錫山在直皖之戰時的中立態度表示理解，從而使山西保持了既有之秩序。

〔註452〕《閻檔》（第五冊），第310頁。
〔註453〕《閻檔》（第五冊），第311頁。
〔註454〕《閻檔》（第五冊），第379頁。
〔註455〕《閻檔》（第五冊），第384頁。

此外，閻錫山這種「保境安民」話語的運用，及其在政爭中的中立姿態，得到了大總統徐世昌的大力誇讚。據張樹幟 12 日電稱「頃得派員由京報告，奉、直兩軍甚不融洽，曹（錕）、張（作霖）二使深知其意，極力設法消除。而一般屬僚，恐不能如二公之意向去做。七日直營督因要求副席，張使宣言出關後，經曹使挽留，方未成爲事實。國民大會張使、總統（徐世昌）均不願召集。吳師長（佩孚）親赴河南委包營長蘭友充代表駐京，陝西決取平服辦法，但先以命令行之，不服再用武力。總督者奉、直互讓，終未表示。總統甚願山西無事，因山西歷來服從中央，欲中央威信昭著，須以山西作事爲榜樣。省長問題將要實行。」〔註 456〕徐氏之言表明閻錫山遇事時這種交往空間的權益對話、謹愼的處事風格，爲山西和閻督晉爭得了更多的政治資本。

三、軍事上的「保境」措置：軍隊與戰備的擴充

黎元洪繼袁世凱後任大總統，各省雖先後取消獨立，但各省軍政長官的權力再次得到擴充，地方與中央的關係愈形鬆散。誠如胡春惠在其研究中所言，「軍閥得勢後，對中國內政所造成的第一個直接影響，便是北京中央政府地位愈來愈爲式微，不但北京政府對地方的措施，要看各省督軍的顏色，即時北京中央政府的法定權力，也受到軍閥們的干預，如財政、行政、軍事、人事等方面」〔註 457〕以此觀之，北京政府的實權即由強勢軍人集團控制，其不僅失去政治中樞的地位，也失去了對各省矛盾調停的中介人身份，致使省與省之間、督軍與督軍之間展開了彼此的權力博弈。於是，在 1916 年以後的督軍們，消極一點的處處以「保全實力」爲第一要務，而積極一點的則以擴張地盤爲惟一陞遷的出路。〔註 458〕處此政局多變的混亂環境之中，晉省閻錫山有著自己的想法，他鑒於自身實力弱小無法向外開拓，便力保山西，對外宣傳「保境安民」，對內則積極擴充軍備。

《晨報》曾對閻錫山擴充軍實做過一個分析，筆者以爲其比較客觀眞實。山西本爲畿輔右臂，東北有娘子關扼正太鐵路，西南有黃河依爲天然之險，北面大同可斷絕京綏路交通，在地理上爲戰爭所必須之地。歷年來屢次捲入

〔註 456〕《閻檔》（第五冊），第 396 頁。
〔註 457〕胡春惠：《民初的地方主義與聯省自治》，中國社會科學出版社 2001 年，第 144 頁。
〔註 458〕同上書，第 145 頁。

戰爭，山西獨能超出範圍之外，雖因閻錫山政治手段特別高明，然戰爭目標未及山西，其主要原因是直皖戰爭之後，長江以北都歸直系範圍，如將來直系擴充勢力，絕不會對山西不聞不問，而且曹、吳對閻也本無好感，閻錫山冷眼靜觀，對其早有覺察，所以進行大規模的軍實製造，製彈製械，發展晉省軍事。〔註459〕那麼，閻是如何擴充軍事的？本來可以向他省購買，但鑒於山西交通不便以及地瘠民貧的現狀，閻決定山西建立兵工廠，生產軍實。

1917年，閻錫山派軍械局局長張維清，到日本買了100多萬的軍火，但因運輸不便，買回的軍火數量遠遠不夠用，於是就自己設立1個兵工廠，下設製槍廠、製彈廠、製藥廠3大部，將廠名改稱「軍人工藝實習廠」。〔註460〕為避免中央或其它軍事實力派對其干涉，工廠對外宣稱「以養成軍人退伍後，自謀生計之技術能力為宗旨，內設金工、木工、染織、磚瓦四部。」〔註461〕內部實則製造軍工武器。

1918年夏，閻錫山特召兵工專家陸世益到晉，商談晉省製造兵工事宜。陸氏赴各地調查計劃3月，為閻做了一個規劃，閻覺得它太大，實行有困難，未予採用。於是，閻改變策略，派大學畢業生20人赴漢陽兵工廠實習，培養兵工人才。1920年後，閻對兵工需要過急，如果從外國購買，擔心被他方勢力扣留，決定實行自行製械計劃，預定資本2000萬，分別向愼昌、禮和等洋行定貨，在原有廠房基礎上建成廠屋400餘間，佔地1000餘畝，將運到機器裝置完畢。機器總重量為160餘萬斤，所費款約1100餘萬。製彈廠每日可出子彈1萬枚，另又購進最新式機器，使手榴彈每日可出600枚，槍每日可出

〔註459〕《晨報》1923年9月7日，第5版。

〔註460〕山西軍人工藝實習廠並非閻錫山在山西的首創，而是繼承清末晉省兵工廠的創建而來。在胡聘之任山西巡撫時，撥銀480萬兩，購置山西省垣北門外柏樹院千佛寺廟地38畝，於1898年春至5月，大興土木，建築廠房22間，委派候補道徐桂芬為總辦，創辦軍器機器局。後閻錫山委任留學英國的定襄人李蒙淑（陶庵）為該局局長，李就任後，革除舊友，把範圍略加擴充：劃為翻砂、鍛工、木樣、機器等四廠，匠徒亦招添至200餘人。職員除局長外，改為局員、錄事等十五六人。後因機器局並不造機器，專修軍械，名實不符，遂於1914年7月改機器局為修械所，隸屬於山西軍械局。閻錫山兼省長後，於1918年著修械所內增添銅元局。但修械所內附設銅元局，事務日漸增多，頭緒亦復紛亂，事權亦失統一，直至1920年，閻令合併修械所、銅元局，改稱山西軍人工藝實習廠。參見《山西文史資料全編》（第二卷），第280～282頁。

〔註461〕《晨報》1922年12月12日，第6版。

28 枝左右。後軍械局科員楊臨洙，指揮運機器 480 餘箱，每箱約重千餘斤，有無煙火藥 60 箱，機關槍 22 架。修械所專員李紹曾也運到過山炮 8 尊，子彈 190 箱，械器件 40 餘箱。〔註462〕至此，山西兵工生產逐步走上正軌。

為遮人耳目，閻錫山於 1919 年 5 月 29 日請北京政府准予晉省設立各種軍事場所，容納退伍軍人，以避免退役軍人流離為匪，同時又可使他們轉移職業。其具體條陳計劃有三個方面：1、設立軍人實業廠；2、設立軍人農事試驗場；3、設立軍人職業教練所。其開辦費用與經常費用暫由原有軍事費內及節餘裁撤軍餉項內開支。〔註463〕通過這一舉措，閻錫山置辦兵工廠就具備了政府授權的合法依據，而且使得外人也根本無法知曉山西的兵工內情。

但山西的兵工生產並未做到絕密。1922 年夏天某日 10 時，太原小北門篩藥廠炸毀，炸死 8 名工人，20 幾人受傷，從而使兵工製造暴露，被外人獲曉山西有 1 個兵工廠。而軍人工藝實習廠，僅僅占兵工廠的一小部分。自從篩藥廠爆炸後，閻錫山非但不將兵工廠縮小，反而擴充。11 月，他派實習廠事務員趙甲榮到上海去買火藥機器、彈殼等件，共花費 200 餘萬。趙於 12 月 7 日運回機器 9 件、彈殼銅皮等 60 箱，還有部分產品直接由外國運來。〔註464〕

1924 年以來，隨著外間戰備繁興，豫省侵晉消息不時傳來，晉省防衛工作異常迅速。軍隊、車械皆被派送到機要地點，因其在暗中進行，城市表面上並無任何軍事行動。學校開學、學生活動也不像以前猛烈，抵制外貨也不如以前嚴厲。〔註465〕閻錫山暗中卻忙於備戰，以防不測。1925 年，閻在天津向德商購得自來得手槍 2000 枝、子彈 200 萬發，後由德商將槍彈運到天津，閻向張作霖要到鎮威上將軍運械護照一張，於 8 月 26 日將械彈由天津運往山西督軍署。〔註466〕同時又在上海訂購飛機兩架，於 9 月 4 日上午運到天津新站，打算更換車頭後，即運往太原。〔註467〕

經過閻錫山對兵工廠的建設，到 1927 年 3 月時全廠工人已有 8000 餘名，

〔註462〕《晨報》1923 年 9 月 7 日，第 5 版。
〔註463〕《晨報》1919 年 5 月 30 日，第 6 版。
〔註464〕文公直：《最近三十年中國軍事史》（軍史）上冊，上海太平洋書店 1930 年，第 128 頁。
〔註465〕《晨報》1925 年 10 月 7 日，第 2 版。
〔註466〕《晨報》1925 年 8 月 28 日，第 4 版。
〔註467〕《晨報》1925 年 9 月 6 日，第 4 版。

聘有外人工程師數員，該廠生產的「一三」和「一四」式山炮、衝鋒機關槍、手擲彈、「三八」式步槍、迫擊炮、步兵炮等都很精緻，威力也很強大。爲進一步使兵器精益求精，閻特設一兵器委員會組織，委派黃國樑爲會長，下設委員數人，負責共同討論兵器應用與革新問題。後又覺得委員會名稱不太符合，於是將其改爲兵器研究會，仍以黃國樑爲會長。閻以時局不靜爲由，仍需相當武力，令兵工廠加工趕做，規定優待工人辦法，工廠將其辦法宣佈後，工人生產能力提高，產品生產特別迅速。此外，閻錫山還認爲大炮爲戰時利器，山西連線多山，依賴山炮較多，兵工廠所造中炮適合各山地之用，而重炮所佔地位尤爲重要，急須設廠製造。3 月 26 日，閻特令兵器總監黃國樑，在廠內另行建築重炮廠一所，開工製造。黃又令德國工程師杜聚華迅速籌備一切，並在廠內建飛機廠，飛機製造也開始進行，工廠所造飛機爲「愛弗樓」式，每月可造兩架。〔註468〕

除軍械更新外，閻錫山還注重軍事教育。1913 年，晉省設立「軍官教導團」，招收排長、連長及差遣等初級軍職，教授軍事，共有 500 餘人順利畢業。另又設「軍人法政講習所」、「軍政研究會」、「軍人講演會」、「軍人洗心社」、「自省堂」等特別訓練機關，以孔孟之道教化軍隊，使軍隊學生化，規定所有士兵補習國民教育，學習期限爲 2 年，畢業後再授普通科學與軍事教育。旅團部安裝運動設備，官長不分階級，一律進行體育鍛鍊。各營連均設教員，教士兵學習各種技術，以強健身體，滌除惰性與不良積習。〔註469〕

山西擴充軍實另一做法就是增加軍隊數量。閻錫山繼續實行他首創的徵兵制，何以山西一直獨能實行徵兵制度？究其原因，除山西軍事環境稍爲安定外，還有兩個重要因素：一是閻錫山信任的趙戴文信仰孔孟之道，山西軍隊深受閻、趙之孔孟教育，通過宗教連接軍心，利於指揮應用。二是寓兵於農，因山西非富省，如養兵太多，餉糈難以應付，於是變換招練之法，按年編老兵入後備，軍械則與時俱增，儲藏於庫中。〔註470〕而且爲增加兵力，閻錫山在袁世凱時代就實行了「在鄉軍人制」，〔註471〕即鄉兵制，兵卒來自各縣村鄉，役滿退伍有冊，招集甚易，將許多軍人在戰開時寓兵於農。〔註472〕

〔註468〕《晨報》1927 年 4 月 3 日，第 5 版。
〔註469〕《最近三十年中國軍事史》（軍史）上冊，第 128 頁。
〔註470〕《最近三十年中國軍事史》（軍史）上冊，第 124～125 頁。
〔註471〕《晨報》1922 年 12 月 12 日，第 6 版。
〔註472〕《最近三十年中國軍事史》（軍史）上冊，第 128 頁。

　　晉軍共有 4 次大的擴充。第一次是在 1917 年間，第二次是在 1922 年間，第三次是 1924 年～1925 年間，第四次是在 1927 年前後。山西軍隊擴充的一個顯著特徵是緊隨時勢變化。當解決張勳復辟進入尾聲之時，段祺瑞於 1917 年 7 月 6 日下令各省軍隊非奉副總統與他命令，不得擅離原駐地方，留備維持各省秩序，不得另立名目，添募軍隊。〔註 473〕而閻錫山卻於 7 月 9 日和 11 日，分別致電段祺瑞與馮國璋，陳述晉省軍隊不敷分佈，兵士老弱多強壯者少，綏遠盧占魁等時有出兵擾晉之事，人心惶恐。爲維持地方治安，晉省不得已先後添招一旅，以備緩急之用，特請中央准予編練。〔註 474〕段提議太原兵力不足，可將石家莊兵隊調回，不需另募。〔註 475〕但閻據理力爭，認爲晉省軍隊對內禦外，實在無法分配，已募之軍爲數甚少，請求暫准訓練，〔註 476〕中央無奈只好由閻編練。從閻與段的這一交涉反映出，中央對閻的奉勸不起多少作用，而且閻早期就很注重編練軍隊，較爲重視軍權對政權的作用。

　　晉軍第一次擴充始於將孔庚所部收編，裁汰反對派與老弱士兵，編成一混成旅。孫發緒辭山西省長後，閻錫山掌控晉省軍民二政，將警備隊編制爲陸軍步兵旅。〔註 477〕1919 年之前，山西僅有四混成旅，奉直之役告終後，閻錫山爲自衛計，擴充兩個騎兵團、兩個混成團。晉軍編制略仿奉軍，但連以下人數較奉軍少，每連 126 人，採取陸軍部制，每旅以 3 個或 4 個步兵團編成。〔註 478〕1922 年，山西擴充 2 個騎兵團 2 個混成團，年軍餉達 500 餘萬元。〔註 479〕到 1923 年 8 月時，山西軍隊已由 30,000 增至 60,000 人，軍械局武器存額也不少，有大炮（十三尊的口徑）4 尊和子彈 3000 餘發、小炮與過山炮等共計 200 餘尊、子彈 10 餘萬發、機關槍 140 餘架、子彈 7000 箱、槍 20000 餘枝，手榴彈則存 80000 餘枝。閻還特編兩個炸彈支隊，每隊 500 人。〔註 480〕

　　不過，我們在此略可探討一下山西兵源來自何處？這些士兵爲何要參軍？據前人研究，山西兵源來自兩方面：一是農業剩餘人口過多，當兵可以

〔註 473〕《閻檔》（第二冊），第 626 頁。

〔註 474〕《閻檔》（第二冊），第 625、629 頁。

〔註 475〕《閻檔》（第二冊），第 626～627 頁。

〔註 476〕《閻檔》（第二冊），第 627 頁。

〔註 477〕《最近三十年中國軍事史》（軍史）上冊，第 126～127 頁。

〔註 478〕《最近三十年中國軍事史》（軍史）上冊，第 127～129 頁。

〔註 479〕同上書，第 129 頁。

〔註 480〕《晨報》1923 年 9 月 7 日，第 5 版。

緩解附著於農業生產的人口壓力。據社會學家陶孟和在《社會科學雜誌》1930年 6 月號上發表的《一個軍隊士兵的調查》，其分析的是 1920 年代駐紮在山西太原的警衛旅 5000 人之中將近 1000 名士兵的社會背景。在這些士兵中，87.3%的士兵來自農業或沒有職業的家庭，其餘來自小手藝人、商人、醫士、教書先生。那些從農村來的士兵，如果自己有耕地，平均所耕地在 27.4 畝之下，他們之中 70.1%不能單靠種田維持生活。而那些士兵之中只有 21%無父無母，而 49%雙親俱存。他們的父母也許有兄弟姐妹照顧，可是 21.3%竟是獨生子。在獨生子中，他們絕大多數有父母，絕大多數沒有耕地或房產，絕大多數沒有結婚。一般說來，結了婚的人當兵的不多，只占全體的 27%，但這不是說他們沒有家庭負擔。相反，絕大多數要寄錢回家供養父母和其它家庭人口。他們之中絕大多數不識字，年齡多在 15 到 29 歲之間（占全體的88.5%）。〔註481〕二是當兵比農業生產掙錢多。太原警衛旅的士兵每月收入在 6 元 3 角到 9 元之間，他們多數有能力寄一些錢回家。如將其收入與當時農民收入做比較，一個士兵如果收入每月 8 元，相當於耕種 100 畝地的一個四川自耕農一家 5 口人的收入。只有土地在 50 畝到 100 畝左右的小地主的收入才比他的收入好一些。〔註482〕而山西的土地又較之四川之生產能力低下，故當兵所獲收入要比務農多得多。

　　前文已述第一次直奉戰後，曹、吳掌控北京政府，計劃削弱閻錫山在晉勢力，閻聽聞後決定以武力相抗。據接近閻氏者言「北京各報喧傳，直系某要人主張以胡景翼、靳雲鶚、閻治堂中一人到晉，向閻氏分割一席，此模範督軍已寢不安席，頻頻向左右私議，欲讓出督軍一席。然兵權授人，省長即失所憑藉，縱容忍相安，又焉能久於其任，要棄省長不幹，則數年以來，苦心經營，終覺割愛之未能。迨開軍事會議多次，最終決定，兵可百年不用，而不可一日不練，吾晉決不首先開釁於人，苟實力派終始弗諒，恃其武力侵略，吾人亦惟有以武力對付。」而且閻還將晉南鎮守使張培梅傳到太原，與其商榷軍事，欲以借武力自衛，並委任第 3 旅長孔雲生為修理廢槍廠廠長，製造槍炮。因孔對槍炮生產有經驗，在 1920～1923 年間，他赴省外大備軍械 7 次，其中漢陽 3 次、鞏縣 2 次、上海 2 次。直派削閻勢力的想法引起山西對外省在晉邊界稍有軍事動作高度警惕。1923 年 3 月間，直系調陝軍數營

〔註481〕《軍紳政權──近代中國的軍閥時期》，第 83 頁。
〔註482〕同上書，第 84 頁。

至石家莊，防範鐵路工人罷工，太原大起驚疑，急調駐紮平定州蔡榮壽第 10
團，移防娘子關，攜帶大炮兩尊，委派李參謀和書記官常川住於石家莊，偵
報軍事舉動。同時，閻還親自檢閱各軍，令每日勤於操練，擔心實力派勢力
擾晉。〔註 483〕

　　第二次直奉戰爭時期，山西軍隊已由 5 個混成旅擴編爲 12 個旅。〔註
484〕1924 年 12 月，段祺瑞臨時執政通過溫壽泉打探晉軍實力，有意藉重晉
軍居中調解派系矛盾，抵抗其它軍事實力派對中央政府的挑釁，以實現其對
國家整合之構想。〔註 485〕閻錫山對此甚感興趣，也想在北京政府中插一
腳，當即於 12 月 8 日電溫壽泉，向其透露晉軍情況，讓他轉呈段祺瑞「晉
軍現有二師八旅，師長商震、孔繁霨，旅長黃金桂、王嗣昌、謝濂、李維新、
楊愛源、豐羽鵬、榮鴻臚、蔡榮壽、路福保，餘係鎮守使，師長兼領。軍興
以前原係十二團，每團現役兵一千五百名，在鄉兵一千五百名，此次招集鄉
兵一團，正好改編一旅。舊兵皆久練之師，每年打靶消耗及獎賞需洋百萬元
左右，能守軍紀，打死仗，畏官長，不畏敵；鄉兵曾受三月教練，摻法稍嫌
生疏，正在趕練。作戰新兵器最關重要，二年來趕造，始足應用，已一律頒
發專員訓練。預計現役十二旅，在鄉十二旅，遇事可集十二萬之眾，以備調
用。再有九個月時間，鄉兵即可足額，只是補充尚須趕造兵器，約須一年
即可完備。」〔註 486〕事實上，晉軍作戰能力很差，後文對此有所揭示。但
到 1925 年，山西軍隊確已有 2 師 8 旅 2 團 1 營，約有 78,400 餘人。其隊號
及官長如下表所示：〔註 487〕

隊　　　號	官　　　長
山西陸軍第一師	師長商震
山西陸軍第二師	師長孔繁霨
山西陸軍第五旅	旅長李維新
山西陸軍第六旅	旅長楊愛源
山西陸軍第七旅	旅長張培梅

〔註 483〕《晨報》1923 年 4 月 21 日，第 6 版。
〔註 484〕《最近三十年中國軍事史》（軍史）上冊，第 128 頁。
〔註 485〕《閻檔》（第八冊），第 339～340 頁。
〔註 486〕《閻檔》（第八冊），第 338 頁。
〔註 487〕《晨報》1925 年 11 月 18 日，第 5 版。

山西陸軍第八旅	旅長豐雨鵬
山西陸軍第九旅	旅長榮鴻臚
山西陸軍第十旅	旅長蔡榮壽
山西騎兵旅	旅長路福寶
山西督衛旅	旅長李德懋
山西第一混成團	未詳
山西第二混成團	團長傅存懷
山西憲兵營	營長張建

　　從上表可知，晉軍建制已很完備，軍隊分工也很明確，採取了現代化的軍事建制，其與閻錫山職業軍人出身不無關係。從軍隊編制看，軍隊的規模也很大。然自 1925 年 12 月遼縣戰事以來，閻感到山西軍事還不夠應付時局，如不再籌備相當武力，外侮必乘機而入，於是再次積極擴充軍實，編成軍隊將近 130,000 人。雁北戰事結束後，閻以軍隊眾多，難以籌餉，立即將留省未赴前敵與應戰未能出力各部遣散，大概有 3 師兵力，士兵各回鄉里，軍官入教導團肄業。後閻視察形勢，認爲晉尚處於險惡之境，仍須多備武力，於 1927 年 2 月間令各師旅，迅速擴充改編。各師旅奉令後，立即招兵編就隊伍。督署衛隊團被擴充成旅，旅長一職由該團團長杜春沂升任。不久，閻錫山又以爲機關槍爲戰時利器，各師旅原有機關槍不敷分配，特於 3 月 18 日令獨立機關槍團團長關穎凱迅速擴充成旅。旅長一職仍由團長升任，繼續募兵，致使街頭手持白旗募兵者觸目皆是。〔註 488〕

　　然而，由於軍隊需要擴充數量較多，閻錫山同時在山西和石家莊招募兵士，因山西招不到足額兵力，只好在石家莊進行募兵。據報載「因在本省招募，應者寥寥，多赴石莊等處招募。然因經濟上限制太嚴，各募兵人員，竟大感困難。在本省境內者，每兵一名，由報名及格入冊之日起，每日所發之給養，以及運送來省之路費（火車或大車），無論日期多寡，每新兵一名，公家只發給洋四元，其在外省者，則僅發給洋四元。外省應募者尙屬踴躍」。通過給予士兵豐厚的待遇，山西在外省招到了一些兵員。29 團新兵籌募過半，於 8 月 11 日被運往介休，一面設法繼續招募，一面從事訓練。19 團募兵委員

〔註 488〕《晨報》1927 年 3 月 24 日，第 5 版。

從石家莊招新兵約 100 餘名，當即進城入伍。由於時局變動較快，戰爭連綿不斷，因此兵員需求過多，以致造成兵員嚴重供給不足。其餘省內各縣募兵員感到招兵特別困難。〔註489〕截至 1927 年 3 月，晉軍已擴充為陸軍 15 師、1 個混成旅、2 個騎兵師、炮兵 8 團、衛隊 1 旅、憲兵 3 營、工兵 1 團、（獨立團）機關槍 1 旅。各軍高級官長姓名與駐地分別為：

> 第 1 師師長商震，駐綏遠。第 2 師師長楊愛源，駐省城。第 3 師師長李培基，駐綏遠。第 4 師師長傅作義，駐省城。第 5 師師長傅汝鈞，駐綏遠。第 6 師師長孫楚，駐省城。第 7 師師長傅存懷，駐平陽。第 8 師師長關福安，駐運城。第 9 師長（未詳）駐澤州。第 10 師師長盧豐年，駐潞安。第 11 師師長（未詳），駐運城。第 12 師師長楊效歐，駐平定。第 13 師師長豐玉璽，駐介休。第 14 師師長張蔭梧，駐代縣。第 15 師師長李生達，駐大同。騎兵第 1 師師長鄭澤生，駐綏遠。騎兵第 2 師師長（未詳），駐綏遠。憲兵司令張建，駐省城。衛隊旅旅長杜春沂，駐省城。炮兵司令周玳（轄炮兵八團）駐省城。機關槍旅旅長關穎凱，駐省城，工兵司令（未詳），所轄有電雷隊、飛機隊、汽車隊及工兵 1 團。〔註490〕

前文已曾提及閻錫山覺得戰時大炮威力大，故極力提倡製造大炮，但有了大炮，卻缺乏與炮相關的技術和業務人才。閻以為炮兵為軍中骨幹，為造就炮科人才起見，特聘炮科專家 10 餘人赴晉，設立 1 所炮兵速成學校，令軍官學校校長榮鴻臚籌備一切，校址設於學兵團內，共招學員 500 名，畢業期限為 8 個月，凡是有中學畢業而粗通軍事學或具有同等學力者均能入考，或有中級官二員以上保送者也可入學。在炮兵學校學生畢業後，閻擬再建炮兵 12 團，其下級幹部由畢業學員擔任。

在軍隊的硬件和軟件都得到一定保障後，閻錫山在戰爭中發現軍人有一個突出的弊端，即不守軍紀。特別是在 1927 年間雁北戰興後，發現不少軍人敗壞紀律，閻擔心各軍有廢弛之象，為此特召開整頓軍紀會議，對軍人行軍各項紀律做了規定。其具體內容為：1、對於人民之軍紀；2、對於商民之軍紀；3、對於買物之軍紀；4、對於住民房之軍紀；5、對於支差車騾之軍紀；

〔註489〕《晨報》1927 年 8 月 16 日，第 3 版。
〔註490〕《晨報》1927 年 3 月 24 日，第 5 版。

6、對於沿途行軍之軍紀；7、對於軍隊出防路經各處之軍紀；8、對於檢查旅店及清查匪令之軍紀；9、對於駐紮各地方之軍紀；10、對於煙賭之軍紀；11、對於徵發之軍紀；12、對於軍火之軍紀；13、對於餉項之軍紀；14、對於俘虜之軍紀等。3 月 18 日，閻又頒發《泄露軍事秘密懲辦條例》、《軍官住營外宿規則》、《軍人戰時吃飯辦法》等，要求各軍嚴守軍紀。〔註491〕閻錫山加強軍紀這一行爲在民國時期可謂有所貢獻，尤其是在軍閥混戰和軍閥勢力林立的背景下，閻開始對軍隊紀律的探索與建設是值得讚賞的。

綜上，晉省軍實在 1911～1927 年間得到大幅度擴充，晉軍上層軍官多爲閻的心腹。隨著軍隊數量增多，閻對中下層軍官的任命也非常謹慎，採取排外思想，一般任用山西畢業生擔任要職，以保證他對軍隊的絕對領導和軍隊對他的絕對忠誠。如：1927 年以來晉軍各師爲增強實力，每師改以 4 團爲限，並對於各團幹部甄別甚嚴，非晉省各教育機關畢業者一概不許錄用。但是，晉省軍事教育機關只有軍官學校和教導團。教導團成立時，除在役學員不計外，尚有編餘學員（1927 年春遣散隊伍時所餘之軍官）約 800 餘名。在各師籌備動員之際，將在役學員紛紛調回。後因用人太多，各編餘學員大多也被調用，故截至 1927 年 8 月初旬，該團學員僅存 50 餘名。而從前調至各師者如能充參謀或副官，無論少校級或上尉級，除原薪外，每月可有 20 元津貼；如能當聯絡員或助理員者，非但不能照領原薪，還須打以 7 折，因此聯絡助理各員對此都不甚歡喜。當他們得悉要擴充隊伍的消息後，便將原職辭去，另謀他者。閻得知這一情形後，當即令訓練總監楊星如施行考試法，以定「去」「取」，並同該團所餘 50 餘名，經考試共錄取 100 餘名，其餘缺額決定由軍官學校擇優選用。〔註492〕考試法的實行，進一步保證了晉軍的質量。

軍隊是政治的堅強後盾，更是變動秩序中維持有序社會的有力工具。在戰亂紛爭的民國時代，對軍隊的擴充與建設是必要而且也是必須的。特別對晉省而言，閻錫山要做到在大失序環境中的有序，需要軍隊對他以及他治理之下山西的支持。平心而論，晉省軍隊擴充與軍事化教育制度的創設與實踐，爲閻錫山實現「保境安民」的目標提供了安全保障。

〔註491〕《晨報》1927 年 3 月 24 日，第 5 版。
〔註492〕《晨報》1927 年 8 月 16 日，第 3 版。

小　結

　　本章主要探討地是晉省新政治秩序建構後，軍紳政權在共和夭折和政體受挫情境中是如何得以鞏固和加強的。政治轉型期各種力量圍繞新秩序的鞏固與建設進行博弈，導致政體受挫，軍人威權凸顯，結果新生秩序很難在這一動盪政治秩序中「如願」演進，其間總是帶有以往歷史轉型期中軍人強權秩序的重現，我們從中既可以看到舊式政權的遺老或軍人對政治作用的強大力量，也可看到他們把持著絕對的政治資源，通過人事的安排和軍權的震懾，使稍有憲政意味的政治機構無法運行，結果它不得不屈服於軍事強人。如地方政權的軍政大員在袁世凱個人威權的壓制下也只能秉承袁氏意旨維持一種既存秩序。然而，就在這一既存秩序的表達中有一股強大的地方勢力在崛起，即地方政要對中央的「秉承」已脫離了帝制時代的君臣關係，而此時卻在「迎合與反抗」的博弈中潛伏著一種地方主義勢力，且其在日益滋長和壯大。地方主義的膨脹阻礙了民族國家的建構，但他卻在某種程度上打破了以往歷史上國家權力的神聖不可僭越性。「普天之下莫非王土，率土之濱莫非王臣」的政治信條受到了徹底打擊和動搖。

　　軍人強權與不成熟的憲政土壤，使得從中央到地方都難以眞正踐行一種理論上所追求的民主憲政，地方軍紳政權開始向私屬性的政治統治演化，致使國家意志難以貫徹到各省，部分軍人甚或「挾天子而令諸侯」，另一些軍人卻通過權力空間的對話在維護著他們的既得利益，如晉省提出的「保境安民」話語即是一個很好的例證。當袁世凱的個人權威消失殆盡後，軍紳政權中的軍人威權進一步使得中央政府有名無實，結果中央與地方呈現出一種權力的斷層，山西的省主義就是對此淋漓盡致的表現。山西的地方政治在閻錫山與晉籍在京士紳的活動下，他們表面尊奉中央，實則另有一套，在山西建造「獨立王國」。閻在山西試圖革新政治的同時，其行爲又表現得相當保守，從而使山西顯現出一種「趨新中的保守，保守中又帶有趨新」味道的政治面孔。由此來看，山西軍紳政權的鞏固與穩定恰是民國初期中國政治轉型不成熟的外現，即在中央權力弱化的形勢下政治地域化傾向日益明顯。